勝海舟から始まる近代日本

Urabe Noboru
浦辺 登

◉弦書房

装丁＝毛利一枝

目次

平野國臣の諸国との結びつき

福岡藩を取り巻く出来事余話

Ⅱ 海外の動きの中で考える明治……77

避けて通れない中国大陸との関係

暴力か正義か

西洋文明を吸収し応用する

日本と世界の結びつき

Ⅳ　「日本人」を見失いかけた昭和

国の根幹はどこにあるのか

命を賭けるとはどういうことか

アジアを視野に入れた思想系譜

勝海舟を起点にした幕末から近代における人物相関図

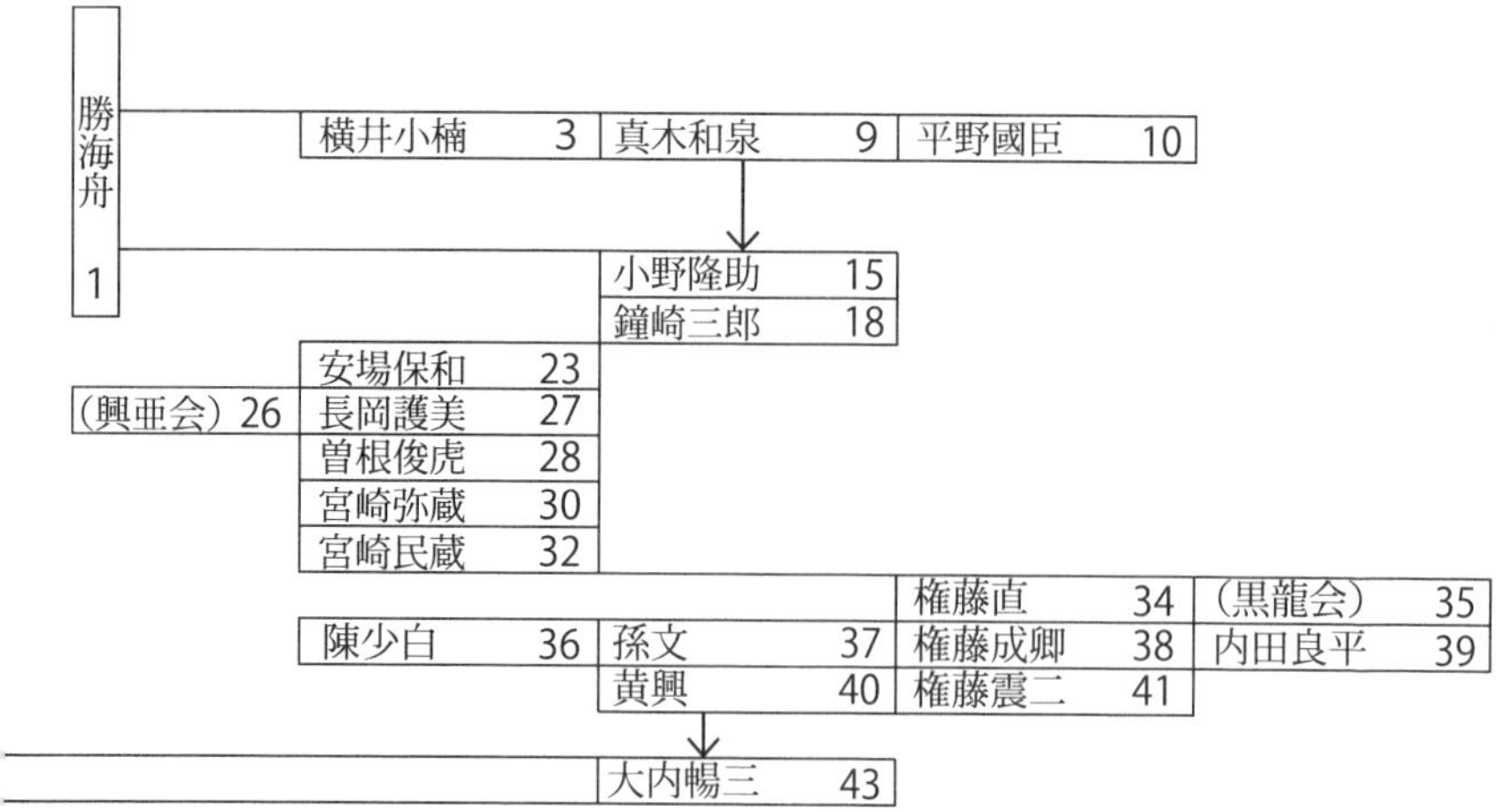

1 勝海舟(1823〜1899)
2 西郷隆盛(1828〜1877)
3 横井小楠(1809〜1869)
4 島津斉彬(1809〜1858)
5 黒田長溥(1811〜1887)
6 三條実美(1837〜1891)
7 加藤司書(1830〜1865)
8 高杉晋作(1839〜1867)
9 真木和泉(1813〜1864)
10 平野國臣(1828〜1864)
11 木戸孝允(1833〜1877)
12 筑前勤皇党
13 中岡慎太郎(1838〜1867)
14 坂本龍馬(1836〜1867)
15 小野隆助(1840〜1923)
16 荒尾精(1859〜1896)
17 岸田吟香(1833〜1905)
18 鐘崎三郎(1869〜1894)
19 玄洋社
20 平岡浩太郎(1851〜1906)
21 頭山満(1855〜1944)
22 杉山茂丸(1864〜1935)
23 安場保和(1835〜1899)
24 紫溟会
25 佐々友房(1854〜1906)
26 興亜会
27 長岡護美(1842〜1906)
28 曽根俊虎(1847〜1910)
29 宗方小太郎(1864〜1923)
30 宮崎弥蔵(1867〜1896)
31 宮崎滔天(1871〜1922)
32 宮崎民蔵(1865〜1928)
33 清藤幸七郎(1872〜1931)
34 権藤直(1831〜1906)
35 黒龍会
36 陳少白(1869〜1934)
37 孫文(1866〜1925)
38 権藤成卿(1868〜1937)
39 内田良平(1879〜1937)
40 黄興(1874〜1916)
41 権藤震二(1871〜1920)
42 近衛篤麿(1863〜1904)
43 大内暢三(1874〜1944)

勝海舟を起点にした幕末から近代における人物相関図

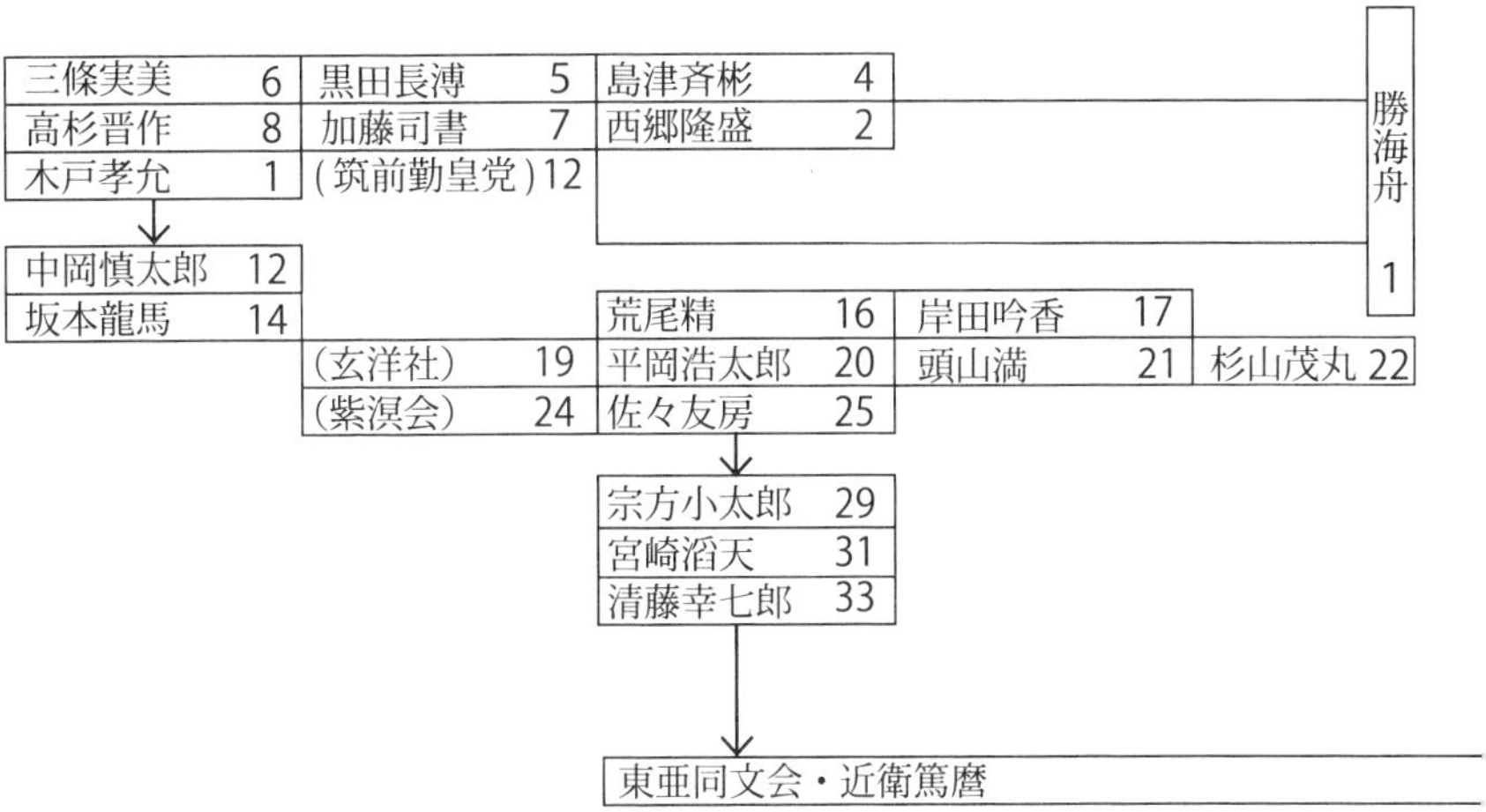

- 勝海舟が述べた「天下に恐ろしい西郷隆盛と横井小楠の二人」を中心に、歴史上の人物たちが相互に影響を及ぼした人間関係を確認する図です。
- 人物関係図は、過去、現代、未来へと歴史の大きな流れを俯瞰するものです。
- ⅠからⅣまで各話の見出し下に**番号**を付していますが、これはその項目の話題が相関図のどの人物と関係が深いかを示すために付しています。
- 相関図の人物のうしろに付した**番号**と本文中の見出し下に付した**番号**とは一致しています。

はじめに

平成二十九年（二〇一七）三月二十五日、節信院（福岡市博多区御供所町）で「加藤司書公を知る会」という会が開かれ、福岡藩家老の加藤司書の功績について語った。節信院は加藤家が代々受け継いできた禅寺であり、加藤司書の菩提寺でもある。

この時、加藤司書という人物をどのようにすれば理解してもらえるか、考えた。明治維新に至る過程で、その前途を嘱望されながらも、福岡藩の内訌（内紛）で失脚。ついには、切腹に追い込まれ、維新史においては無名に近い存在だったからだ。

さらに、福岡では、明治維新は薩長土肥の歴史という認識が強く、福岡藩はまったく関係ないと見られている。

そこで、幕末から近代に至るまでの大きな流れ、枠組みを示そうと思い立ち、勝海舟を起点にした人物相関図を作成してみた。五千年ともいわれる中国の歴史は「動乱と革命」の連続である。その中国の歴史を熟知し、蘭学という「西洋」の知識を吸収した勝海舟であれば、「人間は人間を信ずる以外に手はない」という人間の本質を見極めているのではないか。さらに、明日のことは分からない。ゆえに、「今」しかわからない。しかし、臨機応変に対処し、失敗を成功に転換できる術を心得る人物を見抜いているのではないか。

そう考え、勝海舟が説くところの人物論を読み漁った。

結果、海舟が評価する西郷隆盛、横井小楠から展開する人物相関図を目にして、「腑に落ちた」の声が聴かれた。

なぜ、西郷隆盛の精神を福岡の自由民権運動団体である玄洋社が引き継いだのか。

なぜ、そこから中国革命の孫文、黄興に広がり、それがアジアへと展開していったのか。

続いて、「維新の始まりはいつ、何をもって考えるのか」という質問も飛び出してきた。

通常、嘉永六年（一八五三）のペリー来航からと回答する方がほとんどだ。日本の首府ともいえる江戸の湾内に来航したペリー艦隊の衝撃は大きかった。

しかし、維新の始まりは文化五年（一八〇三）の「フェートン号事件」からと考える。この事件は、オランダ船に偽装したイギリス船が長崎港内で乱暴狼藉をはたらいた事件だ。この事件から、町人身分に等しい長崎地役人の高島四郎兵衛が海防に目覚め、実行に移したことは大きな変革といえる。

明治維新における変革の象徴は、封建的身分制度の崩壊である。

そう考えると、武士階級ではない者に海防意識が芽生えたことは、身分制度崩壊の始まりである。それも、幕府が直轄する長崎において始まったのである。

さすれば、維新の始まりは「フェートン号事件」と考える次第だが、この事件の余波は小さくない。志筑忠雄（オランダ通詞）が翻訳した『鎖国論』は、頑迷な攘夷論者であった熊本藩の横井小楠の意識を開国通商へと変化させた。

設立間もない明治新政府を構成したのは、西南雄藩である。

地理的に長崎に近く、諸外国に対する情報収集、対応の緊迫度の意識の差は東国の諸藩とは比較にならない。さほど東国の諸藩とは外交の意識のもちかたが乖離していたのだ。

今回、相関図を基に幕末から近代、そして現代までを述べたいと思う。

従来、評伝や事件などを中心に歴史を見ていく傾向があった。しかし、関係した人物の妻女や子息の関係にまで踏み込んでみると、不思議な人間関係が見えてくる。歴史は人の集合体が作りだすものであり、その人間関係が分からなければ人物、事件は理解できない。

そして、一貫して追求してきたものは、「近代とは何か」である。今回、文明批評の代表格である夏目漱石に加え、その漱石の考えに近い夢野久作を並べてみた。欧米流の資本主義が流入し、科学によって成立した近代化の象徴東京が、関東大震災（一九二三）という自然災害の前に化けの皮をはがされ、人間の本性をさらけだした。その姿を久作は、じっくりと観察し、近代とは何かを自問自答した。

近代化は人間を幸せにすることができたのか。久作の問答は果てしなく続き、田舎こそが、人間本来の居住すべき場所であると確信した。人は、自然災害や獣の襲撃に、共同体に属すこと、知恵で対処する術を覚えた。ところが、欲望を満たすために、文明に晒されていない民から略奪をする。それが、西洋がもたらした近代ではなかったかと久作は問うのだった。

今回、大きな枠組みとして幕末から近代に至る歴史を述べてみたが、管見であるのは承知の上。しかし、地方から日本の歴史を眺めてみるという試みであるとして、読み進んでいただけたら幸いである。

なお、晩年の勝海舟は森銑三の『明治人物夜話』の「海舟邸の玄関」に描かれるように、蘭学という西洋を吸収した人でありながら、「西洋臭い物などは何もない」、「裸で勝負をしようという人だったことを知るのである」ということを付け加えておきたい。

I　勝海舟から始まる近代

勝海舟の野望

第1話　海舟が恐れた横井小楠と西郷南洲

〈人物相関図　1・2・3・5・8〉

「おれは、今までに天下で恐ろしいものを二人見た。それは、横井小楠と西郷南洲とだ。」

幕臣から明治新政府の初代海軍卿に転じた勝海舟は、天下に恐ろしい人物として肥後の思想家・横井小楠と薩摩の西郷南洲（隆盛）の名を挙げた。

横井自身は一度も海外に出たことがない。しかし、海舟のアメリカでの見聞を聞いて、その制度や仕組みのすべてを理解できる才能をもっていた。それだけではなく、一旦、口を開くと相手を論破するまで語り続け、その凄まじさから「横井の舌剣」と呼ばれた。

西郷は、江戸城無血開城という天下の一大事に臨んでも詳細を述べない。全てを海舟に任せてしまう。故に、西郷には天下を任せられる。海舟はそのように見ていた。朴訥な風貌から

「薩摩の芋ほり男（田舎者、イモ）」と高杉晋作に揶揄されても、「いかにも」と受け流すことができる傑物だった。

横井と西郷を、天下に恐ろしい人物と評した海舟は文政六年（一八二三）生まれ。この頃、イギリスはアジア侵略に拍車をかけていた頃だ。

横井や西郷と異なり、海舟は明治三十二年（一八九九）まで生きた。『氷川清話』に代表されるように、海舟には多くの口述や記録、人物評論があり、これらから日本の近代化の過渡期を知ることができる。

この海舟が幕臣、そして、明治新政府の初代海軍卿として出世できた糸口は、なんといっても蘭学にあった。従来の漢学や国学では欧米との交際どころか、互角に戦うこともできない。その技術を習得するには蘭学を学ばなければならない。同時に、蘭学を学ぶことは、世に頭角を現す最高の手段だった。

その海舟の蘭学修行を支援した一人に、嘉納治右衛門がいる。簡単に言えば、講道館柔道の創始者・嘉納治五郎の父である。嘉納の家は灘（兵庫県）の酒造家であり、潤沢な資金を有していた。治右衛門は海舟の才能を見込み、学資提供を申し出たのだった。その縁もあり、今も講道館（東京都文京区）には、巨大な海舟手跡の額が供えてある。

また、もう一人の支援者が黒田長溥。福岡藩第十一代藩主であり、蘭癖（西洋の学問を好む）

大名と呼ばれた。親しく交際をするだけでなく、海舟のために自身が抱える蘭学者・永井青崖を貸し与えた。

海舟は、恐ろしい二人として横井小楠、西郷南洲の名をあげた。それは、西洋の物質文明の限界、東洋の精神世界の必要性を両者に例えて警告するためだった。さらに、この二人を制することができるのは、オレしかいないという自信でもある。

〈人物相関図 1〉

第2話　万延元年、勝海舟太平洋を渡る

徳川幕府の幕臣から、明治新政府の初代海軍卿に就任した勝海舟（一八二三〜一八九九）は、実に多くの言葉を遺している。時の政権批判から、思い出話まで、新聞記者らに問われるままに答えている。それらの中で、海舟が渡米した際の出来事で面白いことがあった。『海舟語録』の「サンフランシスコの風紀」という話だ。

万延元年（一八六〇）一月十九日、日米修好通商条約締結のため、海舟は咸臨丸で太平洋を

横断した。アメリカから日本の使節を迎えに来たポーハタン号に随伴する船が咸臨丸だった。この咸臨丸には日本近海で座礁したアメリカ船の船長ブルックらも同乗していた。このため、急遽、ジョン万次郎こと中浜万次郎もブルックの通訳を兼ねて乗り込む事になった。

アメリカ船も体験したことがないという大嵐を乗り越え、無事、日本人たちはサンフランシスコに到着。ここでの思い出を海舟は語っているが、アメリカ人女性の性風俗の乱れを述べている。さらに、日本人水夫が持ち込んだ日本の春画（わいせつ画）がアメリカ側で摘発され、裁判所に呼び出されたことを穏便に解決したと自慢話にしている。摘発された春画をアメリカ人裁判官が所望したので、他にも、咸臨丸に残っている春画を集めてプレゼントすることで丸く収まった。要は、洋の東西を問わず、人間の品性は同じであること。しかしながら、日本人女性の方が品格は上であると言っている。海舟らしいといえば、海舟らしい。

咸臨丸には春画が積み込まれていたが、ポーハタン号には幕府高官たちの食材が積まれていた。米はもちろんのこと、味噌、醤油、漬物までだが、その膨大な数の樽は甲板後部に山積みされた。アメリカ人水兵は、味噌、醤油、漬物の樽から漏れる臭いから「悪魔の樽」と嫌悪した。しかし、これらは大嵐の最中、海中に転げ落ち、水兵たちは「悪魔がいなくなった」と狂喜した。洋の東西、人間の品性は同じでも、食の好みだけは、相互理解を得るには相当の年月を要する。

明治三十二年（一八九九）、海舟は没した。その前年の十一月十二日にジョン万次郎も亡くなった。咸臨丸での万次郎の操船の確かさは、アメリカの捕鯨船仕込み。ブルック船長も大嵐の中、万次郎が徹夜で操船したことを評価している。さらには、「日本海軍の改革に必要な事柄を知っている」とも高く評価した。残念ながら、漁師あがりの万次郎には日本海軍を改革する機会は与えられなかった。唯一、心和むのは、ジョン万次郎が家族に見守られながら穏やかな最期を迎えたことだった。

幕末、日本には頑迷な封建的身分制度が遺り、日米の間には異文化による軋轢が横たわっていた。互いに、近代というものを消化するには、多くの障碍を克服しなければならないということだろう。

第3話　勝海舟出世の秘密は蘭学にあり

〈人物相関図　1・3・5・23〉

勝海舟が幕府、続く明治新政府で出世できた要因は、西洋の学問である蘭学を修めたからだった。蘭学を学ぶには年齢（二十二、三歳の頃）が行き過ぎている、江戸っ子は気が短い、と言って蘭学者の箕作阮甫から入門を断られた海舟だった。しかし、海舟はあきらめず、箕作阮甫の弟子筋にあたる永井青崖から学ぶことができた。

この永井青崖は福岡藩第十代藩主の黒田斉清、第十一代藩主の黒田長溥に蘭学の研究者として仕えた人だった。黒田斉清は蘭癖大名として著名だが、あのオランダ商館医シーボルトも舌を巻くほどの博学の殿様だった。その養嗣子である黒田長溥の実父は蘭癖大名として有名な薩摩藩主の島津重豪。海舟は、骨の髄まで蘭学で固めた黒田長溥から永井青崖を貸し与えられ、蘭学を学んだ。

しかし、この時代、蘭癖大名が藩主の座に就くと出費がかさみ、藩の財政が大きく傾く。薩摩藩も島津重豪の蘭癖によって膨大な借金を抱えていた。福岡藩も斉清、長溥と二代続けての蘭癖藩主が続き、家臣団も頭を抱えたことだろう。ある時は、福岡藩の軍制を西洋流にする、しない、で長溥と家臣団が対立したほどだった。

それでも長溥は、オランダ商館医のファン・デン・ブルックが開発した小型蒸気機関を据えた工場、精錬所を設けた。安政五年（一八五八）十月には、長崎海軍伝習所のオランダ人教官カッテンディーケを福岡に招き、これらの工場見学を勧めるほどだった。

長溥の蘭癖ぶりは、江戸時代の封建的身分制度を超越していた。秘密のうちに海舟と会い、手紙の交換までは許せるとしても、時には幕府のお尋ね者とも関係をもったという。その相手は、天保十年（一八三九）の「蛮社の獄」で逃亡中の高野長英だった。長英は幕府の鎖国政策を批判したことから投獄され、後に脱獄。自身の顔を劇薬で焼いて人相を変え、江戸城下に潜んでいた。シーボルトの門下生であり、蘭学者、医師としても著名であった。この長溥と高野長英の仲介役を果たしたのが永井青崖といわれる。蛇の道は蛇。同じ蘭学者として気心の知れた間柄だったのだろう。

維新後、福岡藩は明治新政府から佐幕派としてみなされた。薩摩島津家の人でありながら、藩主の黒田長溥が勤皇派を弾圧したため、福岡藩は冷遇された。その不遇は藩主のみならず、家臣たちにも及んだ。それを何かと配慮し援助したのが海舟だった。長溥の旧恩を忘れない海舟だった。

蛇足ながら、高野長英の系図に明治新政府の内務省衛生局長、内相、東京市長、台湾民生長官、初代満鉄総裁を歴任した後藤新平がいる。横井小楠の最後の高弟・安場保和の娘を娶ったことでも知られる。

福岡と薩摩の深い関係

第4話　四人の薩摩藩亡命者を受け容れた福岡藩

〈人物相関図　2・4・5・12〉

薩摩藩の家督相続争いの「お由羅騒動」は、福岡藩にまで影響を及ぼした。その渦中の一人、葛城彦一こと竹内伴右衛門が亡命生活を送った相島（福岡県粕屋郡新宮町）に渡った。

「お由羅騒動」とは、薩摩藩の第十代藩主の島津斉興が、嫡男の島津斉彬に藩主の座を譲らず、側室のお由羅との間に誕生した島津久光を後継藩主に据えようとしたことから生じたお家騒動。斉彬派、久光派と薩摩藩を二分しての後継争いが繰り広げられた。この事件では、斉彬派の多くが断罪となり、大久保利通の父は遠島、利通自身も役職を取り上げられた。西郷隆盛の父吉兵衛は仕える赤山靭負の切腹の介錯を任された。隆盛は血染めの赤山の肌着を形見にと譲られている。

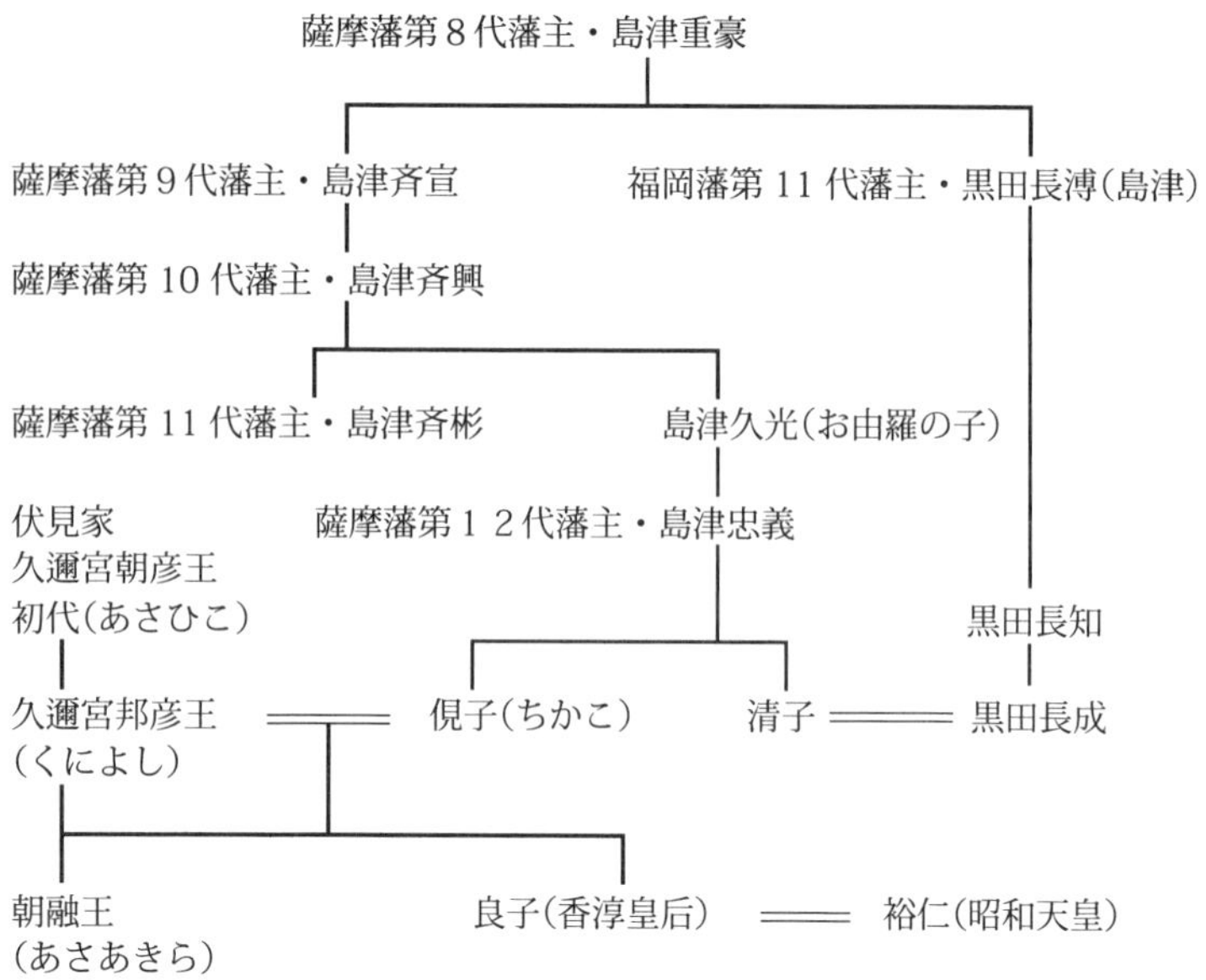

「お由羅騒動」での相関図

この騒動の最中、薩摩藩から井上出雲守(工藤左門)、木村仲之丞(北条右門)、竹内伴右衛門(葛城彦一)、岩崎千吉(洋中藻萍)という四名が黒田長溥を頼って福岡藩に亡命してきた。当時の福岡藩第十一代藩主・黒田長溥は薩摩島津家からの養嗣子。長溥の実父は薩摩藩第八代藩主の島津重豪、兄は第九代藩主の島津斉宣、甥は第十代藩主の島津斉興になる。

薩摩藩からは福岡藩に逃げ込んだ四人の探索のため刺客が送り込まれたが、長溥は刺客らを説諭、四人を福岡藩が引き取る旨の書状を持たせて帰藩させた。藩主の島津斉興といえども、伯父である長溥の決断には逆らうことができなかった。

最終的に、第十一代薩摩藩主は島津斉彬が

就いたが、黒田長溥は島津重豪が六十六歳の時の子供であり、斉彬から見れば長溥は二歳年下の大叔父となる。この斉彬と長溥は江戸の薩摩藩邸では、実の兄弟のようにして育てられた。歴史の表舞台には出てこないが、福岡藩と薩摩藩とは濃密な血縁、政治的結びつきがあったのだ。

薩摩藩からの四人の亡命者は福岡藩預かりとなり、長溥からの給付米を受けながら生活していた。しかし、この生活が一変するのは、安政五年（一八五八）の「安政の大獄」によってである。京都清水寺の勤皇僧月照が幕吏に追われて西下してきた。その側にいたのが北条右門こと木村仲之丞だった。北条は博多大浜の借家に月照らを招き入れ、筑前勤皇党の手助けを得て、月照の身の安全をはかった。月照を薩摩に落とすにあたっては、四人の薩摩藩亡命者が連携していた。

安政六年（一八五九）、薩摩の亡命者である工藤左門は玄界島、北条右門は姫島、葛城彦一は相島、洋中藻萍《ひろなかもへい》は大島へと移住を求められた。月照の薩摩落ちを幇助したことで、幕府からの嫌疑を避けるためであり、島は、刺客からの身辺を護ることにも適しているからだ。

現代、葛城彦一が亡命生活を送った相島は「ネコの島」として世界的に有名だ。しかし、かつて、「お由羅騒動」での渦中の人物が隠れていたなど、誰も知らず、実に長閑だ。

＊「お由羅騒動」は薩摩島津家のお家騒動。表向き、血脈の正統性を主張する斉彬派、藩の実権を掌握する久光派との政争とみられる。しかし、八代藩主重豪の時代、薩摩藩は重豪の蘭癖（洋学好み）

で藩の財政は逼迫。ようやく、財政再建を成したところに、蘭癖の斉彬が藩主となれば再び財政が逼迫する。これを阻止したい久光派が斉彬擁立派を弾圧した。藩の取りつぶしにもなりかねない騒動だったが、福岡藩主の黒田長溥、幕府の仲介もあり、斉彬が藩主となる。この顛末について久光存命中は公然の秘密だったが、昭和五年（一九三〇）、直木三十五が『南国太平記』として新聞連載したことで、広く知られることになった。

第5話　西郷伝説を証明する意義

〈人物相関図　2・4・5〉

福岡県には西郷伝説が多い。西郷人気に便乗しているのではと鹿児島県出身の方から訝られる。しかし、西郷と福岡との関係を解説すると「そうだったんですか、知らなかった」と納得される。

今回、その西郷と福岡県との関係を示すものが筑前大島（福岡県宗像市大島）に遺っているというので訪ねてみた。筑前大島は玄界灘に浮かぶ島だが、近年、離島といえども護岸工事や再開発で様相は一変している。西郷の足跡が遺る「沖吉屋」という廻船問屋もどうなっているのか、わからない。一縷の望みを抱いて、筑前大島行きのフェリーに乗り込んだ。

もともと、西郷伝説が福岡県に多く遺るのも、福岡藩第十一代藩主黒田長溥が薩摩島津家からの養嗣子であることに起因している。長溥は薩摩藩第八代藩主・島津重豪の九男であり、薩摩藩第十一代藩主の島津斉彬とは江戸の薩摩藩邸で兄弟の如くに育てられたという。西郷が頭角を現すのは島津斉彬の引き立てがあったからだが、折々、西郷は斉彬のお使いとして福岡に向かったと伝わる。

次に、薩摩藩の家督相続争いである「お由羅騒動」では、斉彬擁立派の藩士が四名、福岡藩に亡命してきた。島津家の血縁である黒田長溥を頼ってのことだが、長溥は給付米を与えて四人の亡命者を庇護している。

安政五年(一八五八)の「安政の大獄」では、京都清水寺の勤皇僧月照が博多に逃げてきた。連れてきたのは北条右門だが、北条とは、「お由羅騒動」で福岡藩に亡命してきた木村仲之丞の変名である。他の亡命者も、月照の薩摩落ちでは蔭に陽に行動を助けている。

二十五分ほどでフェリーは筑前大島に到着した。予想通り、フェリーターミナル、船溜まりもコンクリートの防波堤で護られている。一度、子供の頃に訪ねたことがあるが、記憶に遺る風景はすっかり変貌していた。それでも、狭い路地を歩き廻り、「沖吉屋」を探した。廻船問屋ならば、真水を供給する井戸を持っていたはず。それを探せば見つかるのではと思い、井戸を探した。井戸は遺っていたが、邸跡と思しき場所は更地になり、往年の姿はない。ただ、井戸のフェンスに屋号の「沖吉屋」を認めることができただけだった。

廻船問屋の「沖吉屋」には、西郷の借用書が遺っているとの記載が『大島町史』にあった。西郷自身が必要だったのか、北条らのために借りたのかは不明。しかし、西郷がこの筑前大島に立ち寄ったという証拠にはなりえるのではないか。

借用書を確認したかったが、残念ながら、この試みは失敗に終わった。しかし、西郷が立ち寄った「沖吉屋」があったことは確認できた。一つ、一つ、点と点を結び付けていくことで線になり、面になり、事実が浮かび上がることを期待したい。

第6話　安政の大獄で追われる月照の謎の行動

〈人物相関図　1・2・5・10〉

幕末の歴史年表では、安政五年（一八五八）の「安政の大獄」が目立つ。幕府の最高権力者

松屋に遺る月照歌碑

である大老・井伊直弼が、反幕府勢力の一掃を図った出来事だ。その対象者に、京都清水寺の僧侶である月照もいた。

その月照は身の安全を図るため、西郷隆盛らとともに西に向かった。なんとか、筑前福岡藩領の戸畑（現在の北九州市戸畑区）に上陸した月照一行だったが、次に博多へと向かう。そこからさらに、平野國臣とともに薩摩へと南下していった。幕府の捕吏に追われる月照からすれば、生きた心地がしなかったことだろう。

その月照が、博多への第一歩を記したのは、福岡藩に亡命していた薩摩藩士の北条右門の借家だった。この年の十月初めのことという。そこで、この月照たちの足跡を訪ね、北条の借家があったという大浜（福岡市博多区大博町）を歩いた。残念ながら、都市開発の波が進み、北条の借家跡を探し出すことはできなかった。しかし、この月照たちの行動を時系列に見ていく中で、不思議なことに気づいた。

歴史小説や物語では、幕吏から逃れるため月照らは急いで薩摩に向かった印象がある。ところが、近郊の武蔵温泉（二日市温泉）で湯治をし、天拝山や宝満山に登り、太宰府天満宮、筥崎宮を参拝している。幕府の役人に追われる身にしては、実に風雅にして大胆。身の安全のために、薩摩に先行したという西郷を追った方が良いのではと考えてしまうほど。

この月照が博多に到着した頃、長崎海軍伝習所の練習艦二隻が博多湾に入ってきた。オランダ人教官のカッテンディーケ、幕臣の勝海舟も一緒だった。月照の評伝にも、筥崎宮（福岡市東区箱崎）に参拝した折、オランダ人を見かけたとの記述がある。

海軍伝習所には多くの福岡藩士が学んでいた。カッテンディーケの『長崎海軍伝習所の日々』にもオランダ人と福岡藩士とが旧交を温めたと出ている。藩主の黒田長溥は箱崎のお茶屋でカッテンディーケ一行を篤くもてなしてもいるが、月照がオランダ人を見たというのは、この時の事をさしているのだろう。

近年、観光地として多くの外国人が訪れる太宰府天満宮だが、その参道入り口の茶店「松屋」には、月照が和歌を遺して松屋主人の親切にこたえている。

〈言の葉の花をあるじに旅ねするこの松かげは千代もわすれじ〉

この歌からは、いよいよ、薩摩に向けて旅立たねばならないという決意が見え隠れする。

この後、平野國臣とともに薩摩まで落ちていき、錦江湾で西郷に抱かれて入水するのだが、それにしても、二週間近く、なぜ、月照は福岡藩領にとどまったのだろうか。今となっては、まったくの謎でしかない。

第7話　薩摩藩の富国強兵策としての贋金造り

〈人物相関図 2〉

幕末史を読み進むなかで不思議だったのが、軍備増強の資金を薩摩藩は、どうやって調達したのかということだった。奄美大島で産出される砂糖が資金源になったというのは有名だが、果たしてそれだけだろうか。

文政十年（一八二七）当時、薩摩藩の借財は五〇〇万両（現在の二五〇〇億円）ともいわれる。そこで、利息を払わず、元金を二五〇年にかけて支払うという「借金踏み倒し」を断行することで急場をしのいだ。

その薩摩藩は、蒸気船の建造、大砲の鋳造など、次々に西洋の近代化を推し進めることができた。その秘密は、贋金を鋳造することにあったとは『偽金づくりと明治維新』に詳しいが、さらに、薩摩藩は外国為替の金と銀の交換レートの仕組みを利用したのではないかと考える。まず、薩摩藩は琉球経済の安定を名目に「琉球通宝」鋳造の許可を幕府から得た。しかし、これは、あくまで見せ金であって、本来の目的は贋金の天保通宝の鋳造にあった。

この当時、幕府管理下で鋳造される天保通宝四十枚は一両小判（金貨）と交換が可能だった。薩摩藩は、この贋の天保通宝を大量に鋳造し、それを一両小判（金貨）に交換。この一両小判（金貨）を諸外国から購入する艦船、武器、弾薬の支払いに充当していたようだ。薩摩藩は、偽の天保通宝鋳造の為、大坂の銅地金商から梵鐘（寺の鐘）などを大量購入している。

当時、日本とアメリカとの金貨、銀貨の交換レートは、アメリカの銀貨四枚は日本の一両小判三枚に匹敵した。しかし、日本の一両小判三枚を香港に持ち込むと、アメリカの銀貨十二枚に交換が可能だった。アメリカの船員は横浜で銀貨四枚を一両小判三枚に交換し、次の寄港地香港で銀貨十二枚にして利殖を試みていた。

さらに、香港から銀貨十二枚を横浜に持ち込めば、それは一両小判九枚に交換が可能。濡れ手に粟の暴利をむさぼることができたのだった。薩摩藩は、この金と銀の交換レートのからくりを利用したのである。

これだけではなく、元治元年（一八六四）頃、西郷隆盛は二万両分もの生糸を買い占めたという。生糸農家は平常、天保通宝を目にする機会はない。贋金と知らず、生糸代金を偽の天保通宝で受け取る。薩摩藩は横浜で、商人に生糸を売り、代金を一両小判で受け取る。その一両小判を香港経由で三倍にし、武器弾薬の支払いに充当するというもの。

薩摩藩が百文銭の贋金造りに成功したのは文久二年（一八六二）の事。慶応元年（一八六五）には贋の二分金の鋳造にも成功している。幕府崩壊の陰に、贋金鋳造があったのだ。

福岡と長州の人間関係

第8話　加藤司書存命ならば、新時代はどう変化したか

〈人物相関図　5・7・14〉

福岡市郊外にある太宰府天満宮は、幕末維新の策源地だ。本来、ここを基点に幕末維新史が語られても良いはずだが、そういう雰囲気ではない。やはり、この背景には、慶応元年（一八六五）の「乙丑の獄」があるからだ。

これは、福岡藩の尊皇派と佐幕派の主導権争いから生じた事件。佐幕派を支持した藩主の黒田長溥は、維新後、先見の明が無かったと家臣に謝罪するほどだった。ゆえに、主君に対する遠慮が働き、家臣の間では幕末維新の話はタブー（触れてはならない事々）となった。

平成三十年（二〇一八）夏、ＮＨＫ福岡放送局制作の「維新の傑物たち」という五分番組で加藤司書（一八三〇～一八六五）が取り上げられた。コメンテーターとして出演を求められてい

加藤司書の墓所があることを示す碑
節信院

たので、放送後、「こんな凄い家老が福岡藩にいたのですか……」という驚きの感想が続いた。さらに、幕末維新に福岡藩の筑前勤皇党が大きな役割を果たした事を「知らなかった……」という声も。

この「乙丑の獄」では筑前勤皇党の領袖である加藤司書以下七名が切腹となり、斬首、遠島、謹慎など、処分を受けた者の数は正確にはわからない。同じ死という処罰でも、切腹か斬首かでは名誉を尊ぶ武士にとっては大問題。士分を剥奪されて斬首となった月形洗蔵などは、無念のままに首を刎ねられた。特異なのは、姫島（福岡県糸島市）に遠島になった野村望東尼。こんな老いた尼さんが、どんな悪いことをしたのかと、島人たちは牢を覗きにきたという。

その望東尼は断罪に遭った筑前勤皇党の面々の菩提を弔った。寒風にさらされる牢の中で、般若心経を血書したという。幕末、尊皇派、佐幕派の抗争事件は福岡藩だけに限ったことではないが、この福岡藩の勤皇派弾圧事件は維新後の福岡藩に何かと支障の種となった。

維新に至る大きな転換点は薩摩藩と長州藩を坂本龍馬が同盟関係に持ち込んだ「薩長同盟」

と言われる。しかしながら、元治元年（一八六四）十二月十一日に、福岡藩筑前勤皇党主導の「薩長和解」がすでに成立していた。薩摩と長州の雄藩同士を結び付けた実際は、福岡藩だった。

加藤司書の切腹の理由は、「司書は藩主を新築中の館に幽閉し、藩主長溥公を隠居に追い込もうとしている」との讒言だった。このことが藩主の長溥の逆鱗に触れ、勤皇党は一網打尽となったのだった。実際は、押し寄せる外国勢力から藩主を護るためだったのだが、福岡藩重臣の中でも、加藤家は一目置かれていただけに、他の重臣の妬みを買ったのだろう。

讒言から切腹となった加藤司書だが、たびたび、福岡城内で司書の亡霊を見たという噂がたった。謀略によって司書を亡ぼしたという後ろめたさがあったからだろう。

〈人物相関図　8・12〉

第9話　倒幕を決意した円太と高杉晋作

中村円太（一八三五～一八六五）という福岡藩の志士がいる。脱藩、脱獄を繰り返しながらも、薩長筑（薩摩、長州、筑前福岡）の同盟を推進し、倒幕を主張した。

その中村円太が遠島、牢居を強いられた小呂島（福岡市西区）に渡った。円太が、どのような環境に置かれていたのか。その最中、自身の意志を貫き、「こより文字」で自叙伝ともいうべき『自笑録』を「書いた」場所を確かめてみたかった。

玄界灘の孤島として知られる小呂島へは、福岡市西区の姪浜から出る渡船しかない。それも、曜日によっては一日一便のみ。その一便も天候不順の場合は当然のように欠航。快晴であっても、前日の天候具合によっては出航時間が大幅に遅れる。島に渡った日、やはり、前日の天候不良から優に三十分以上は待たされた。

秀才として知られた円太は安政三年（一八五六）、藩校修猷館の訓導に補された。しかし、安政六年（一八五九）には脱藩して江戸に向かい、朱子学者の大橋訥庵に入門した。安政元年（一八五四）、幕府は鎖国政策から開国へと転じた。円太とすれば、時代の変革を直に見て、感じたかったのだろう。

しかし、開港場となった横浜を訪れ、そこで見た光景に円太は憤慨する。多くの異国船が押し寄せ、外国人らが我が物顔で歩き、好き勝手に商店を設けていた。そこで売られる品は買い手である日本人の懐具合を見て値段を決めるという横柄さ。逆に、日本人の商店では、異国人は邦貨を床に投げ、靴先で数えて支払うという無礼ぶりだった。この幕府の無為無策の開国政策に、円太は倒幕を決意したのだった。

中村円太が流罪となった小呂島

異国人に蹂躙される日本を救うには、福岡藩主・黒田長溥に直訴し、決起を促すしかないと思い円太は帰藩した。しかし、逆に脱藩の罪で小呂島に遠島となったのだった。罪を得た者は、筆、墨などの筆記具を使用することは許されない。島の中腹に設けられた牢の中で、円太は一万一千字に及ぶ「こより文字」で先述の『自笑録』を「書いた」。

小呂島への遠島の罪が許された円太は、元治元年（一八六四）十一月、長州から高杉晋作を伴い福岡藩へと帰藩。顔なじみの博多の廻船問屋・石蔵卯平の邸へと案内し、気心が知れた筑前勤皇党の月形洗蔵、鷹取養巴らに高杉の福岡藩亡命の助力を依頼した。この高杉の福岡藩亡命（第35話参照）によって天下の情勢は大きく転換するのだが、円太にとっては薩長筑同盟の序章に過ぎなかった。

およそ一時間余の航海の末に小呂島に上陸を果たしたが、円太が『自笑録』を「書いた」牢居を見つけ出すことはできなかった。ただ、円太も眺めたであろう玄界灘の雄大さを実感するだけだった。

第10話　手に汗握る高杉晋作の福岡藩亡命

〈人物相関図　8・12〉

高杉晋作が福岡藩に亡命し、野村望東尼の平尾山荘（福岡市中央区）に匿われていた話は有名（第9話、第35話参照）。しかし、その高杉の足跡を時系列に追ってみると、スリルに満ちた逃避行であったことがわかる。そのなかでも、石堂の関所越えの話は手に汗握る話だ。

現在、石堂の関所（検問所）があった石堂川は御笠川と名称が変わり、関所を果たした橋も鉄筋コンクリートに架け替えられている。現地に出向いて場所を確認したが、橋の側に立つ電柱には、確かに、高杉が橋の関所を超えたという案内の看板が掛かっていた。

高杉が亡命してきたのは、元治元年（一八六四）十一月四日のことと伝わる。その後、対馬

石堂川（現・御笠川）の橋　欄干に「石」の文字が見える

藩（長崎県）の飛び地である田代領（佐賀県鳥栖市）に行き、野村望東尼の平尾山荘に潜伏。しかし、長州藩の佐幕派が実権を握ったという一報が飛び込んできたことから、急ぎ長州に帰藩となった。高杉は福岡藩筑前勤皇党の早川養敬の従者と見せかけ、陸路で長州へと向かった。ところが、その途中、長州藩の野々村勘九郎が博多に向かったと知り、高杉は野々村を追いかけて博多に逆戻りした。野々村と再起のための作戦を練りたかったからだ。そこで、再び、福岡藩領博多への潜入を試みた。関所がある石堂川（御笠川）東岸の「常盤館」（若松屋）という水茶屋に隠れ、その再潜入の機会を探った。

高杉は若松屋の幼女を負ぶって、まるで遊び人風体で石堂橋を渡った。若松屋の提灯を下げ、筑前勤皇党の瀬口三兵衛を案内するかのように。関所の役人には、石堂川西岸にある遊郭の柳町に遊びに行く武士と案内役の若松屋の手代のように見えたことだろう。

博多の古地図を見ると、石堂川沿いには柳町という遊郭街が並んでいる。高杉は「梅が枝」という店に繰り込み、ここで、派手にどんちゃん騒ぎをやらかした。まるで、関所の役人に聞こえるようにと鳴り物入りの騒ぎだった。これには、関所の役人も笑うしかなかっただろう。

しかし、これはカモフラージュに過ぎない。「梅が枝」の裏手は石堂川。ここには小舟を漕ぎつけてある。高杉は小舟に乗り移り、急いで河口に向けて漕ぎ出した。今では想像もつかないが、現在の福岡市博多区大浜地区は博多湾に面していた。小舟を乗り捨てると、高杉は一目散に浜を駆け抜け、対馬藩蔵屋敷に飛び込んだ。つい数日前、長州に帰藩する高杉の送別会を開いたばかりの対馬藩蔵屋敷だった。そこに、突然、高杉が登場して対馬藩側も驚いたことだろう。

目的の野々村勘九郎とも再会を果たし、高杉は野々村とともに対馬藩の用船で馬関（下関）を目指して漕ぎ出した。同年十一月二十五日には馬関に到着したと伝わる。往時を偲び、高杉が遊んだという旧柳町の「梅が枝」跡を歩くのも一興だ。

第11話　野村望東尼を救出した志士たち

〈人物相関図　8・10〉

評伝『高杉晋作』（冨成博著）には、「すでに病におかされて、みずから起つことのできなかった晋作は、筑前の藤四郎《ふじしろう》、対馬藩の多田荘蔵ら六人を姫島に送って、かの女（野村望東尼）を囚獄から奪いだし、白石正一郎の屋敷にかくまった。」と出ている。姫島（福岡県糸島市）に牢居する望東尼救出成功の件だ。しかし、なぜ、高杉は危険を伴う望東尼救出を指示したのか。なぜ、島役人が常駐する姫島から救出できたのか。そんな疑問を抱きつつ、岐志の港（福岡県糸島市）から姫島へと向かう渡船に乗った。島に渡ったのは八月末のことだった。快晴だったが、強風で波頭が立ち、渡船は波に乗り上げるたびに揺れた。

この望東尼救出の陣頭指揮を執ったのは藤四郎という福岡脱藩浪士だが、平野國臣とは竹馬の友だった。この藤とともに長州藩の泉三津蔵、対馬藩の多田荘蔵、吉野応四郎、小宮延太郎、博多の勤皇商人権藤幸輔が中心となり、対馬藩の飛び地である浜崎（現在の佐賀県唐津市）で屈強の者を集めて望東尼救出を決行した。

慶応二年（一八六六）九月十六日の朝、百五十石ほどの三反船二隻に分乗した救出隊は、剣

姫島の牢　この小屋のような牢に望東尼はいた

付き鉄砲、拳銃、日本刀、槍で武装し姫島に近づいた。島役人の定番の邸で藤四郎は朝廷から望東尼赦免の書状が届いたから釈放しろと迫る。しかし、朝廷から派遣されたという迎えの武士が覆面をし、赦免の書状に記載されている「小島」という役人の名前が「児島」と間違っている。それだけではなく、奉行の印も無いことから定番は不審に思った。そこで、武装した男たち三十人ほどに取り囲まれては手出しもできず、適当にお茶を飲みながら藤四郎たちが立ち去るのを待っていた。この隙に権藤幸輔らが望東尼の牢に近づき、尼を救い出した。長期の牢生活で足が立たない望東尼を権藤幸輔が背負って逃げたという。

およそ十五分で渡船は姫島に到着するが、頑強なコンクリートの護岸工事、埋め立て工事で往時の風景は望むべくもない。望東尼を救出する三反船を寄せたという船着き場もコンクリートで固められていた。わずかに、権藤幸助が走ったであろうと思しき牢居に続く路地は確認できた。

藤四郎らが危険を冒してでも望東尼救出を急いだのは、慶応元年（一八六五）の「乙丑の獄」で玄界島に流罪となっていた斉田要七、堀六郎が斬首されたとの一報だった。姫島に島流しとなっている望東尼も斬首される危険があると判断されたからだった。

望東尼救出の指揮を執った藤四郎は維新後、新政府の隠岐県（島根県）、大森県（島根県）の大参事となった。この藤四郎が存命したことで、望東尼救出の詳細が判明したが、波が荒い玄界灘を藤四郎が知り尽くしていたことが、効果を発揮したのは言うまでもない。

今、望東尼が過ごした牢居跡からは、澄み切った空、紺碧の海を眺めることができる。

平野國臣の諸国との結びつき

第12話　倒幕の決意を歌に詠む平野國臣

〈人物相関図　2・4・5・9・10〉

俳句は十七文字の私小説といわれる。季節を詠み込みながら、自身を客観的にみるに適しているからだ。反面、三十一文字の和歌は自身の決意を述べるに適している。幕末の志士が詠んだ辞世の歌は、まさに三十一文字の和歌で占められる。

そんな決意を述べる歌の中で、平野國臣が詠んだ次の歌は恋の歌にも受け止められた。

〈我が胸の燃ゆる思いに比ぶれば烟は薄し桜島山〉

薩摩藩の煮え切れぬ思いに憤慨し、その心中を詠んだ歌だが、恋の告白のようでもある。その歌碑が平野國臣を祭神とする平野神社（福岡市中央区）にあるというので訪ねてみた。

平野が国事に奔走するきっかけは、嘉永六年（一八五三）のペリー艦隊の来航だった。平野

平野神社　國臣が詠んだ歌を刻む歌碑

にとって二度目の江戸藩邸詰めのときだ。初めての江戸詰めは、弘化二年（一八四五）、だが、金が無ければ何事も進まない退廃しきった江戸の空気を平野は唾棄した。

ペリー来航で江戸は大騒ぎとなり、本来、国防に生命を懸けなければならない武士階級までもが逃げ惑う。幕府の重臣たちは慌てふためき、その様に憤慨した平野だった。この時、国を守る覚悟もない幕府ならば倒してしまえ。新しい統一国家（政府）を創るべきと平野は決意した。それが後の「幕府滅亡、国家統一」というスローガンになる。

まずは、自身の出身母体である福岡藩から改革に着手しなければと行動に移す。しかし、容易に事は進まない。逆に、変人扱いされる始末。それでも、沸き上がる情熱を押さえきれず、諸国行脚を開始した。その際に遭遇したのが、西郷隆盛、勤皇僧月照の薩摩錦江湾での入水事件だった。幕府の大老・井伊直弼の「安政の大獄」で幕吏に追われる月照を薩摩まで送り届けるものの、島津斉彬を喪った薩摩藩は混迷していた。

　万延元年（一八六〇）十月、「公武合体」に傾く薩摩藩の藩論を「幕府滅亡、国家統一」にと試みるが入国を拒否される。ここで詠んだのが、冒頭の一首だった。江戸藩邸詰めを経験し、幕府という機構が慣例でしか動かず、機能不全に陥っているのを見抜いていたからだ。改革しなければ、日本という国が欧米の侵略を受け、植民地になると危惧した。

　福岡藩主の黒田長溥の説得まで試みた平野だったが、逆に藩政を乱したとして平野は福岡の桝小屋の獄に投じられてしまう。それでも、平野の情熱は衰えること無く、「落とし紙（トイレット・ペーパー）」を紙縒りにしてまで、国家統一の論を述べ、歌を詠んだ。

　波乱にとんだ平野の生涯だが、唯一、色気のある話としては真木和泉の娘との恋話だ。もしかして、あの一首は、本当に、恋歌だったのではと思いたくもなる。だからだろうか、尾崎士郎の小説『人生劇場』では、薩摩男の新海が平野の歌をちゃっかりと恋歌として借用している。

第13話　平野國臣の諸国行脚の陰に手裏剣

〈人物相関図　8・10・12〉

藤四郎の唯一の評伝ともいうべき『幕末動乱に生きる二つの人生』を読んでいた時、平野國臣が藤四郎に贈ったという手裏剣と仕込み杖の写真を目にした。当時、護身用に刀を杖に仕立てた仕込み杖を持つのは一般的。しかし、伊賀や甲賀の忍者が使う手裏剣を武士が持っていたことに興味を抱いた。それも、この手裏剣が平べったいギザギザではなく、女性が結った髪に差す簪のような棒手裏剣であったことも特異ではある。

藤四郎は平野國臣の幼馴染であり、ともに福岡脱藩浪士だった。手裏剣から考えられるのは、福岡藩の武術師範であった平野の父である。平野の父が抱える門弟の数は一〇〇〇人を下らなかったと伝わる。剣はもとより、杖、棒、縄など、その伝授する武術は多岐にわたっている。もともと、棒手裏剣は鎧兜で身を固めた敵の目を狙って打ち込むものだけに、武術として伝わっていても不思議ではない。しかし、江戸時代、手裏剣は幕府からお留め武術として禁止されていた。その手裏剣を、なぜ、平野や藤たちは所持することができたのだろうか。

この手裏剣は、福岡藩主である黒田家が機縁となっている。慶長五年（一六〇〇）、天下分け目の関ケ原の戦いで東軍に加担した黒田長政は、褒賞として筑前領を与えられた。ところが、城下で不審火が続く。江戸時代、不審火は魔の仕業と信じられていただけに「これは、宇都宮氏の祟りだ」と人々は噂した。宇都宮氏とは豊前（現在の福岡県、大分県の西部一帯）の豪族だが、黒田家が謀略で亡ぼした一族だった。

火魔に見立てた鬼の面に打ち込んだ手裏剣

黒田家は、その宇都宮氏の怨霊封じとして「鎮火祭火魔封」という祭礼を始めた。火魔（鬼）に見立てた鬼の面に向けて手裏剣を撃ち込む。手裏剣同士が触れることで火花が散り、火魔を封じると信じられていた。そこで、絶妙のタイミングで火花を散らすことのできる手裏剣の名手が必要になる。それが、武術師範の平野家秘伝の武術になってもおかしくはない。

ただ、先述のように、手裏剣は幕府禁止の武術だった。そこで、福岡藩は隠れて「火魔封」の祭礼を行った。幕府には極秘の武術。福岡藩佐幕派も黒田家伝統の秘儀だけに手裏剣の練習は黙認せざるを得ない。筑前勤皇党はうまいこと、この手裏剣の練習を口実に、秘密の集会を開いていたようだ。今でも、神社の森の中で勤皇党が集会を開いていたとの話は耳にする。

　維新後、この手裏剣に誰も関心を抱かなくなった。兵器が発達した現代、手裏剣は時代遅れの武術となった。しかし、一本の棒手裏剣から、筑前勤皇党が集会の名目に使っていた裏面を知って、驚くばかりだった。幕末、平野や藤が諸国を歩きまわることができたのも、棒手裏剣を使う手強い相手として知れ渡っていたからではないだろうか。

第14話　維新の策源地・太宰府

〈人物相関図 2・6・8・10・14〉

近年、太宰府天満宮には中国、台湾、韓国などからの観光客が多数訪れる。その天満宮参道に面して光蓮寺という浄土真宗のお寺がある。誰も、この寺が幕末維新に関係した人々の墓があるとは気づかない。

しかし、ここには、勤皇僧月照を匿った松屋孫兵衛（栗原順平）の墓石が二基、土佐勤皇党の山本忠亮、三條実美ら五卿に関係したと思しき中村家の墓がある。鐘撞堂と、参道の塀との狭い空間に記念碑のようにして並んでいる。

この光蓮寺を訪ねようと思ったのは、司馬遼太郎の小説『竜馬がゆく』、平尾道雄の『陸援隊始末記』において光明寺に山本忠亮の墓があると出ていたからだった。光「蓮」寺と光「明」

光蓮寺の山本忠亮の墓碑

寺、一文字違いだが、宗派も場所も異なる。今となっては、なぜ、このような間違いが生じたのかはわからない。三條実美ら五卿が滞在した延寿王院に光明寺が近いということ。維新後、廃仏毀釈（神道と仏教を分離する運動）により、寺の情報が錯綜したからかもしれない。

これら光蓮寺に遺る四基の墓石の中で注目して欲しいのは、山本忠亮のものだ。慶応元年（一八六四）二月、三條実美ら五卿が太宰府天満宮の延寿王院に移転してきた。その警護役として随従してきたのが土佐勤皇党の山本忠亮だった。しかし、肺病を患い余命いくばくもない。警護の役にたてないのは無念として翌年五月、自決してしまった。五卿を捕縛しようと幕府の役人らがやってきたが、足手まといになってはいけないとしての覚悟の切腹だった。

もともと、墓地は光蓮寺の南側にあったが、納骨堂が建つ際に改葬された。その際、勤皇僧月照を匿った松屋孫兵衛の子孫の方々が、維新に関わった人々の大事な墓碑として寺に保存の交渉をされた。墓石には維新に貢献した証としての贈位が刻まれている。中村家の墓石には「五卿」という文字もはっきりと見て取れるが、改葬時の疵なのか、墓石の角がいくつか欠けている。

学問の神様・太宰府天満宮という先入観が強いため、維新の策源地であったと知る人は少ない。西郷隆盛、大久保利通、平野國臣、高杉晋作、それこそ、坂本龍馬までもが訪ねてきた太宰府天満宮だ。この墓石の保存は、維新の策源地として貴重な記録である。願うことならば、土佐（高知県）の方々には、ここに山本忠亮という土佐勤皇党の志士の墓が遺されていることを知って欲しい。異郷の地で無念のうちに没した山本忠亮の霊を慰めるには、やはり、故郷の方々の参拝が一番の慰霊ではないだろうか。東京の靖国神社にも合祀されているとはいえ、わずか二十五歳で人生を終えなければならなかった山本忠亮を偲んで欲しい。

〈人物相関図 3〉

第15話　柳川藩の土木技術と海防

春、三月も近くなると、各地で「お雛様」飾りのイベントが紹介される。さらに近年、世相を反映するお雛様まで登場し、何かと季節の話題に事欠かない。そのお雛様のなかで、東伊豆

吊るし雛

稲取（静岡県）を訪れた時に見た「雛の吊るし飾り」は、柳川（福岡県）の「さげもん」と呼ばれる雛飾りによく似ていると思った。女の子の無事の成長を願う親心はいずこも同じだが、細長い一本の糸に幾種類もの縁起物飾りを下げた雛飾りに、何か共通するものがあるのだろうか。

その東伊豆の雛飾りだが、由来が二種類あるという。一つは、江戸から伝わったという説。もう一つは、柳川藩士が伝えたという説。この九州の柳川をルーツとする説は、寛永十三年（一六三六）の江戸城大修築に柳川藩が関わったことが機縁とされる。柳川藩は東伊豆稲取から石を運び出し江戸に運んだことから、稲取に駐在する柳川藩士が地元民に伝えたというのだ。そうであれば、柳川の「さげもん」に酷似しているのは当然といえる。

元和六年（一六二〇）、筑後一国を領していた田中忠政が亡くなり、改易（領地の没収）となった。

忠政に後継ぎがいないことからだったが、これにより、筑後地方に柳川藩、久留米藩が誕生した。天下分け目の関ケ原の戦いでは、西軍に加担したことから冷遇された立花家（柳川藩）も、これを機に、柳川の地に返り咲くことができた。それだけに、徳川家からの申し出には、何としてでも対応しなければならない。江戸城大修築に柳川藩が尽力したのも、お家の事情がからんでいたからだった。

ドンコ船

このことは、嘉永六年（一八五三）のペリー来航においても同じだった。江戸湾（東京湾）の海防に備えての台場づくりに柳川藩は駆り出された。柳川藩が担当したのは現在の東京の品川、羽田、神奈川県の川崎方面だが、陣頭指揮に立ったのは家老の立花壱岐だった。

五十四万石の肥後（熊本）藩、三十六万九千石の萩（長州）藩、三十一万五千石の岡山藩も台場づくりの命令を幕府から受けていた。石高十万九千石の柳川藩にとって、大藩と並んでの台場造りは財政的に厳しい。しかし、立花壱岐は熊本藩から一万両の借金をして対応した。この台場造りの前、熊本藩の横井小楠から、近いうちに欧米諸国が日本に来航する、大きな時代の変化が起きる事を知らされていたからだった。

大藩とはいえない柳川藩が海防に引きずり出された背景には、風土が関係していたのではないか。現在も柳川市内にはクリークが広がり、ドンコ船での川下りが観光産業になっている。これは、干拓という土木技術の結果である。幕府は、江戸城大修築での実績に加え、干拓によって培われた柳川藩の土木技術の高さを求めたのだろう。

お雛様の吊るし飾りに潜む海防の歴史である。

第16話　江戸参府でシーボルトは何を知りたかったのか

〈人物相関図　5〉

シーボルト（一七九六〜一八六六）は、長崎出島のオランダ商館医として来日したドイツ人だが、そのシーボルトが書き遺した紀行文『江戸参府紀行』を読み進むと、当時の日本各地の風俗を知る貴重な文献であることがわかる。大名の参勤交代に等しい江戸参府は、シーボルトにとって好奇心を満たす旅だった。

文政九年（一八二六）一月九日、長崎を出発したオランダ商館員一行は、一路、江戸を目指した。この旅では、シーボルトの日本人の弟子たちが、師匠の覚えめでたしと、動植物、鉱石の類を集めてはシーボルトに差し出していた。シーボルトが宿場を出発する前、弟子たちは次の宿場までの道中にある樹木、果実、野菜、小動物、化石標本、鉱石など、師が喜びそうな品々を求めて走り回った。

長崎街道山家宿の構口

同年二月十九日、シーボルトは長崎街道山家《やまえ》宿（福岡県筑紫野市、Jamaije）に宿泊した。宿舎は福岡藩主が領内見回りなどで利用する別荘であり、シーボルトはその藩主が使用する部屋に泊まっている。

この山家宿は蘭癖大名で知られる黒田斉清（第十代福岡藩主で黒田長溥の養父）が治める地だけに、シーボルトの期待も高まったのではと想像する。期待に違わず、珍しいものを見つけたと紀行文に記しているが、日本人もめったに目にしない化石類で、近くの宝満岳（宝満山、

Houmandake）で採れたものという。それらを無造作に、座敷、庭の装飾品として利用する日本人を蔑みながらも、できれば、コレクションの一つとして持ち帰りたい欲望が見え隠れする。

翌日、シーボルトは長崎街道の難所である冷水峠《ひやみずとうげ》（Hijamidsu toge）を超える。この時も、沿道の風景を書き留めるとともに、植物に対する旺盛な興味を示している。アンズ、ツバキ、サザンカなど、あらゆる花や樹木の名を連ねている。さらには、その知識欲の対象は食用野菜にまで及ぶ。キウリ、シロウリ、トウガン、スイカ、ボーブラ、ダイズと続く。

この野菜類の名前の中に、ボーブラという名前がある。ボーブラとは何なのか。特に、この紀行文を翻訳した方は注釈を入れてはいない。しかし、九州北部から中部の人々であれば、これがカボチャを意味することは知っている。別名、カボチャ・ボーブラとも呼ばれるが、このボーブラ（Abobora）という単語はポルトガル語である。

シーボルトは、ボーブラという言葉がポルトガル語であることを知らず、日本の単語として旅日記に記していたのだった。博識のシーボルトといえども、何の疑問も抱かず、カボチャのことをボーブラと記していることに笑いを禁じえなかった。

しかし、偏執的とも思える収集品から、シーボルトは何を知りたかったのだろうか。

第17話　長崎街道と砂糖交易

〈人物相関図 6〉

江戸時代、小倉（北九州市小倉北区）と長崎とを結んでいた長崎街道は、現在「シュガー・ロード」と呼ばれる。長崎に陸揚げされた砂糖が街道を北上し、街道筋に菓子文化を広めたからだ。カステラ、丸ボーロというポルトガルやスペインの南蛮菓子、さらに、森永製菓、江崎グリコなどのキャラメル・メーカーまでもが誕生している。北部九州が「菓子の王国」と呼ばれる所以だ。

江戸時代、砂糖はオランダ船が持ち込むものという印象が強い。しかし、唐船によっても持ち込まれていた。菓子文化が発展する背景には、この唐船が長崎の唐人屋敷に持ち込んだ砂糖の影響は大きい。

慶応元年（一八六五）、尊攘派公卿の三條実美らが太宰府天満宮の延寿王院に入った。この時の地域の物価を記した記録が『太宰府市史』に出ていた。目を見張ったのは、そこに砂糖の価格が記されていたことだった。日常的に、太宰府に砂糖が持ち込まれていた興味深い事例といえる。

この太宰府の砂糖は、やはり、長崎に寄港した唐船が関係している。太宰府天満宮の祭神である菅原道真は別名「渡唐天神」とも呼ばれ、唐の国に渡り、無事に帰ってきたという伝説がある。それが広く唐人にも知れ渡っており、ここから、長崎の太宰府天満宮の末社が無事を祈願する取り次ぎをしていた。そのお礼が「寄進砂糖」と呼ばれるものだった。

文化五年（一八〇八）十月、長崎に一隻のオランダ船が入港してきた。実は、この船はオランダ船に偽装したイギリス船だった。今に伝わる「フェートン号事件」だが、このイギリス船は出島のオランダ商館員を人質に取るなどした。泰平の世に慣れきった日本の隙をついたのだが、ヨーロッパの覇権が遠く極東地域にまで及んだ事件だった。

臼砲（レプリカ）　板橋区立郷土資料館

このヨーロッパの覇権主義に敏感に反応したのは、幕府の役人ではなく、長崎地役人と呼ばれる高島四郎兵衛だった。海防の必要を痛感した高島は自ら砲術を学び、息子の秋帆には最新の西洋砲術を学ばせた。これが高島流西洋砲術となり、秋帆は天保十二年（一八四一）五月、幕府の要請を受け、武蔵徳丸ヶ原で西洋砲術の試射を行った。これが由来となり、現在の東京都板橋区の高島平という地名になる。

長崎の地役人である高島秋帆がヨーロッパ最新の砲術を披露できたのも、長崎が潤沢な資金を生み出す場所だったからだ。長崎会所という交易所でオランダ船や唐船が持ち込む輸入品を独占的に売りさばいたからだ。その一つが砂糖だった。軍事の近代化の陰に砂糖が関係していたことに不思議を感じるが、明治以降の近代戦においても大砲とともにキャラメルが珍重された。前線で戦う兵士の慰問に、キャラメルが喜ばれたからだった。

第18話　孝明天皇崩御と伊藤博文暗殺の関係

〈人物相関図　8〉

明治四十二年（一九〇九）十月二十六日、満洲のハルビン駅構内で伊藤博文が暗殺された。犯人は朝鮮人の安重根といわれる。しかし、伊藤や随行員らが被弾した弾丸の数と安重根が撃った弾丸の数との整合性がとれず、事件の真相を追った身とすれば興味はつきない。

ただし、安重根は自らが犯人であると供述しており、伊藤暗殺に至る理由も十五箇条に渡って述べ、このことから、安重根が犯人であるとされている（第41話参照）。

この安重根が述べた斬奸状の中で気になるのが、孝明天皇を伊藤が殺したという箇所だ。

「今を去る事四十二年前、現日本皇帝の御父君に当らさらる御方を伊藤さんが失いました。その事はみな韓国民が知っております。」

この当時の現日本皇帝といえば明治天皇になるが、その御父君といえば孝明天皇になる。失いました、とは「殺害しました」という意味になる。初代内閣総理大臣の伊藤博文が、天皇を暗殺したとなれば、事は重大だ。

この孝明天皇の死因については複数あり、毒殺されたとも、持病の脱肛が悪化したとも、疱瘡（天然痘）にかかったなどとの説がある。なかには、厠（トイレ）の下から何者かが刃物で突き殺したなど、物騒な噂話が絶えない。伊藤が孝明天皇を殺したという説は、文久二年（一八六二）、高杉晋作らと品川イギリス公使館焼き討ちに参加したこと、その数日後、国学者塙次郎を仲間と斬殺したことを誤認したのではと言われる。伊藤のような宰相が暗殺されたのも、若き日の因果によるものと結論付けたくなるのが人情か。

孝明天皇崩御については、外圧と内政の乱れから、しばらくは死亡したとの発表は控えられた。このことも、暗殺されたのではと言う疑惑の要因になった。各藩に通知され、領民に知らされたのも、天皇崩御からひと月ほども経過した頃だった。死亡通知とともに死因が発表されたが、疱瘡（天然痘）によるものとのことだった。この時代、孝明天皇の形代として猿に疱瘡を感染させれば病気は平癒すると信じられ、その祈祷を修験者に依頼した。しかしながら、手を尽くしたにも関わらず、残念なことに天皇は亡くなられたので、役立たずの猿は遠島になってしまった。猿にとっては自然に還ることなので、遠島は、却ってありがたい。

伊藤暗殺犯の安重根は日本側に引き渡され、満洲の旅順で銃殺刑となった。ロシアと清国の主権が重複するハルビンでの事件だけに、裁判が日本の司直に委ねられることは、安重根にとって想定外の結果だったのではないか。

孝明天皇の崩御、伊藤博文の暗殺。いずれも、その真相については、いまだ陰謀説が賑わっている。しかし、安重根はどこから伊藤が孝明天皇を謀殺したなどという情報を入手したのだろうか。

第19話　適塾塾頭であった大村益次郎と福沢諭吉

明治元年（一八六八）五月、旧幕府の彰義隊が上野の山に立てこもり、新政府軍と対峙した。この戦いの趨勢を決したのは大村益次郎が佐賀藩のアームストロング砲を使用したからといわれる。わずか一日にして、彰義隊を壊滅させたことは史書に詳しい。

この大村が奮戦している頃、福沢諭吉は慶應義塾で「出島」演説をしていた。大坂適塾ではともに塾頭を務めた両者の真逆の立ち位置は何だったのか。大村がアームストロング砲を引っ張り出した時点で、福沢には勝負の行方が見えていたのだろう。

ある時、この福沢の手紙が博多の萬行寺に遺されていると知り訪ねた。福沢といえば、西洋の学問に心酔した人という印象があるだけに、浄土真宗の寺とどんな関係があるのかと訝った。あて先は、萬行寺の住職である七里《しちり》恒順《ごうじゅん》。文久二年（一八六二）、福沢が錫狼島（セイロン島）から発信したものだ。セイロン島には釈尊の仏跡があり、イギリスの所轄（植民地）、気候温暖、ヤシが産物、土人が象を捕まえて使役しているなどと記されている。

この七里と福沢は生年、没年もほぼ同じ。七里は越後（新潟県）の生まれだが、福沢が中津（大分県）に居る頃に知り合ったという。福沢が七里に関心を抱いたのは、やはり、自身の将来を思ってのことだろう。福沢の『福翁自伝』の通り、門閥制度は親の敵。いくら能力があっても、封建的身分制度の下では、下級武士の出世はおぼつかない。しかし、坊主であれば天下人を背後で操ることができる。福沢の並々ならぬ向上心、負けじ魂が垣間見える。

その福沢も太平洋、インド洋を渡り、世界を直接に目にした。七里に送った手紙は、土地の風景を述べたに過ぎない。しかし、その背景には、七里が信じる世界は平べったい円盤状と主張する「須弥山」思想と、福沢が学んだ地球は丸い球体であるとする蘭学との激論があった。しかし、決着がつかない。

そこで、福沢は実際に船に乗り地の果てに旅して証明をしようとした。寄港地から七里に手紙を出すことで、一つの証拠としたかったのだろう。残念ながら、地球をぐるりと一周することはできなかった福沢だった。

福沢といえば、『学問のすゝめ』で世間から評価を受ける反面、開明的として同郷の朝吹英二に命を狙われたりもした。しかし、その朝吹も慶應義塾に学ぶのだから、人の生きる道は面白い。

ちなみに、この七里は嘉永六年（一八五三）頃、幕吏に追われ福岡藩に逃げ込んだ勤皇の志士の命を助けたという。このことが、福岡藩の筑前勤皇党から称賛されたという。七里からすれば、佐幕派とか勤皇派とかというより、宗教者として殺生を避けたいだけであったと思える。

第20話 「イカルス号事件」と取調官・大隈重信の役者ぶり

〈人物相関図 14〉

「濡れ衣」といえば、無実の罪を着せられたという意味。この上なく迷惑な話だが、謀をした方は密かに事の成り行きを見るだけ。

慶応三年（一八六七）の夏の夜、長崎でひとつの「濡れ衣」事件がおきた。今に伝わる「イカルス号事件」だ。泥酔したイギリスのイカルス号水兵が、路上で何者かによって刺殺された。それも二人。剛腕で知られるイギリス公使のハリー・パークスは、断固として犯人を探し出すよう、幕府に申し入れた。

当初、犯人は坂本龍馬率いる海援隊の仕業とみられたが、真犯人は福岡藩の金子才吉だった。福岡藩上層部は、極秘に事件後に自決した金子の遺体を福岡に送り、葬儀まで執り行っていた。その金子の墓、碑があるとのことで、事件の背景を知りたく、福岡市中央区六本松の長栄寺を訪ねた。

金子才吉の墓がある長栄寺

当初、海援隊士が犯人と疑われたのも、事件の翌朝、海援隊の横笛丸が出航し、続いて土佐藩の砲艦「若紫」も出航して土佐に向かったからだ。横笛丸は試運転としてすぐに帰港してきたものの、行動が不審としてイギリスは土佐者を疑った。しかし、「濡れ衣」を着せられた土佐藩は懸命に探索を行う。結果、福岡藩士が怪しいとの結論に達した。長崎港は佐賀藩と福岡藩とが隔年で警備を行うよう幕府から命じられている。まさか、その警備を担当する福岡藩士が犯人であるとは、思ってもみなかった風がある。

ただ、なぜ、この金子才吉がイギリス水兵を刺殺したのかは不明。金子は語学、蒸気船の操船、天体観測など、その才能を高く評価される藩士だった。それだけに、凶行に及んだ理由がまったくわからない。しかし、この事件が起きる前年の冬、イギリス艦隊が福岡藩のおひざ元である博多湾に入港してきた。その際、派手に艦砲射撃の演習を行った。博多湾中央に浮かぶ残島（能古島）や海上に設けた標的にことごとく命中させ、イギリスの破壊力をまざまざと見せつけた。この時、金子は福岡藩の蒸気船上でイギリス艦隊の砲撃訓練を見ており、言いようのない憤りをイギリスに抱き、それが長崎で暴発したのではと推察される。

イギリスの犯人追及は厳しく、ついに福岡藩士らが取り調べを受けることになった。その中には、後に明治新政府の外交官として活躍した栗野慎一郎も含まれていた。取調担当は佐賀藩の大隈八太郎こと大隈重信だった。大隈は、ひたすら命乞いする栗野を覚えており、栗野は栗野で歌舞伎役者のようにお白洲に登場した大隈の姿を覚えていたという。

維新後、福岡藩は佐幕藩として新政府から冷たい扱いを受けた。武士にもあるまじき行為として、濡れ衣の恨みを買ったからかもしれない。

今、金子の墓は合葬され、碑も樹木の陰になって彫り込まれた文字を判読することも困難である。そっとしておいて欲しい。そんな声が聞こえてきそうだった。

〈人物相関図　２・３〉

第21話　遣欧使節団が見たサンフランシスコ名物の精神病院

東京の明治神宮外苑に「聖徳記念絵画館」がある。ここを訪ねると、明治天皇の遺徳を描いた絵画八十枚を鑑賞することができる。その中には、歴史教科書でおなじみの遣欧使節が横浜から出発する風景を描いたものもある。明治とは、西洋の文明を吸収することで生き残りをかけた時代でもあったのだと理解する。

この遣欧使節は岩倉具視を全権大使として、明治四年（一八七一）十一月十二日に横浜を出港。一年九か月をかけてアメリカ、欧州を廻り、見聞を広めることにあった。同時に、徳川幕府が安政五年（一八五八）に諸外国と締結した条約改正の交渉でもあった。治外法権、関税自主権という欧米断然有利の条約を改正しなければならないという使命があった。

この一行には大久保利通、木戸孝允という明治維新史に不可欠の人物に加え、明治十年（一八七七）の西南戦争で亡くなった村田新八、横井小楠の最後の高弟と呼ばれた安場保和も加わった。

一行を乗せたアメリカ号は明治四年十二月六日、現地では一八七二年一月十五日にサンフランシスコに到着した。行く先々で市民の大歓迎を受けたが、これは東洋の珍客・日本人だったからに他ならない。一行は一行で、宿泊先のホテルでのガス灯のシャンデリア、洗面台の水道の蛇口に目を見張り、小部屋ごと釣り上げられるエレベーターに度肝を抜かれた。何もかも、想像を絶する文明大国アメリカに言葉を失った。

さらに、当時、サンフランシスコ名物の精神病院も見学している。病院を見学した久米邦武

（旧佐賀藩士、歴史家）は、千五百人もの入院患者の多さに驚いた。実に、市民の百人に一人が精神疾患を得ていたからだった。急速な近代化に、アメリカ人といえども順応できない人々がいたことを示している。

この遣欧使節一行が帰朝したのは明治六年（一八七三）九月のことだった。そのころ、新政府では「征韓論」の議論が沸き立ち、結局、西郷隆盛、板垣退助、江藤新平らは野に下った。そして、西日本地域では「竹槍一揆」という農民の騒乱事件が頻発していた。なかでも、筑前（現在の福岡県）での竹槍一揆は十万人とも三十万人ともいわれる農民が騒動に参加した。その嘆願書に共通するものは、旧体制に戻せということだった。身分制度、租税、徴兵、断髪、暦などである。新政府が進める急速な欧化政策についていけず、目的も理解できない。さらに、干ばつで作物が実らなければ、不満の矛先を新政府に向けるのも致し方ない。

急速な近代化において、日本の場合は竹槍一揆という形で暴発し、アメリカの場合は内面に籠って精神を病んだにすぎない。近代とは、文明とは、何なのか。考えてしまう。

第22話　日本人の牛乳飲み始めは乳母から

〈人物相関図　5〉

開国から十年余の慶応二年（一八六六）十二月、福岡藩領の博多湾にイギリス艦隊が来航した。三本柱の火輪船（蒸気艦）を筆頭に計五艦で入港してきたという。事前に長崎から連絡がきていたので、蘭癖大名として知られる福岡藩主黒田長溥の歓待に抜かりはなかった。

しかし、イギリス人を供応するには肉が必要。そこで、博多湾の中央に浮かぶ残島（能古島）で鹿狩りを試みた。日本人は勢子になり、イギリス人たちは二連装の鉄砲で鹿を仕留めた。その数、六十頭余。艦隊乗員すべてを満足させる量ではないが、新鮮な鹿肉にありついたイギリス人たちは喜んだことだろう。肉料理を出すため、福岡藩はわざわざ長崎から五人ほど西洋料理の調理人まで招いていた。それよりも、現在の能古島でイノシシ出没注意の看板は目にしたが、その昔、鹿までがいたことに驚く。

長崎の西洋料理人は牛乳も望んだ。現代、手軽に買うことができる牛乳だが、西洋文明に不慣れな日本人には想像もつかないもの。しかし、イギリス人のためにと、博多の郊外の志摩郡（現在の福岡県糸島市）から生きた牛が五、六頭曳かれてきた。イギリス人が滞在する箱崎（現在の福岡市東区）まで、子牛とともに、のんびり、のんびりと進んだ。およそ三十キロの距離を東に向けて歩く牛の親子の姿を想像すると、おかしみが湧いてくる。五日ほどのイギリス艦隊滞在中、都合、二升ほどの牛乳を搾ったという。

当時の農家にとって牛は農耕牛として有用な生き物。それを福岡藩の命令とはいえ躊躇なく差し出すことができたのは、この年の十月に予想以上の子牛が誕生していたからだった。しかし、牛を連れて行った農民も、イギリス人が牛の乳を飲み、料理に使うということには驚愕したのではないだろうか。

けれども、変わり始めたら急速に変化に対応すると言われる日本人。これは昔も今も変わりない。明治二年（一八六九）頃、神戸では西洋人の商店で牛肉が売られ、それを日本人も買っていた。冷蔵庫も無い時代なので、当然、現地調達された牛を捌くしかない。慶応三年（一八六七）頃、子牛一頭が二十両前後（平均で一両は十五万円前後）で取引され、オスの牛は十両前後で売り買いされていた。

やはり、明治二年の頃、江戸（東京）近辺の女性たちは、こぞって異国人の乳母になりたがった。乳母は茶碗二杯の牛乳を飲み、自身の乳房を異国人の乳幼児にふくませたという。その月額給与が十五両と高額であったことから異国人相手の乳母は人気の職業だった。

先述の志摩郡で子牛が多く誕生したのも、庶民は早くから牛や牛乳が異国人相手の商売になると見越していたからかもしれない。今では気軽に口にする牛乳にも、異文化受容の歴史がある。

II

海外の動きの中で考える明治

第23話　明治元年の「堺事件」から見えるもの

〈人物相関図　1〉

幕末、日本にやってきた欧米人が一様に驚くのは、武士の切腹である。何らかの不祥事が起きる。すると、その責任解決は切腹となる。自殺とは根本的に異なる自死を、ある欧米人は野蛮と酷評し、ある欧米人は「きわめて上品な礼儀正しい一つの儀式」と評価が分かれる。

安政元年（一八五四）、鎖国政策をとっていた日本は開国した。しかし、各地で外国人との衝突が起きる。言葉や文化の違いはもとより、アジア人を蔑視する欧米人の傲慢な態度が問題を肥大化させたのだが、「力は正義」の欧米人の前に日本はひたすら謝罪を強いられた。

明治元年（一八六八）二月、大坂の堺の治安維持のため駐屯していた土佐藩兵とフランス人水兵との間で事件が起きた。この経緯、結末については森鷗外の『堺事件』に詳しい。許可証を持たずに上陸してきたフランス海軍の水兵らが神社仏閣に立ち入り、人家に上がり込み、道行く女性をからかう。そこで、土佐藩兵がフランス人水兵を捕まえようとしたところ逃走し、ついでに、土佐藩の隊旗を奪って逃げた。

この時、フランス人水兵が土佐藩兵に脳天を鳶口で割られた。これを見て、他の水兵たちはボート上から撃ってきた。土佐藩兵も応戦して鉄砲を撃ち返す。しかし、一連の騒動から、土佐藩はフランス側から責任を追及された。結果、土佐藩の士官、下士官、兵員ら二十名が処刑と決まった。現代であれば、まったく、割に合わない理不尽な結果でしかない。

ところが、土佐藩兵らは皇国の為に白らの生命を差し出す。差し当たっては、罪人として斬首されるのではなく、武士の名誉である切腹をと申し出て朝廷から許可された。その切腹の場には、フランス公使（フランス軍艦の大佐とも）が立ち会った。死に臨んでフランスを罵倒し、粛々と腹を切り、介錯人が首を落としていく。その様を見て、フランス公使はおじけづいてしまった。十一人が切腹を終えた段階で軍艦に帰ってしまい、残る人々の助命嘆願で事件を片付けようとした。

この一切の顛末について、イギリスの外交官アーネスト・サトウの『一外交官の見た明治維新』では、様子が真逆に描かれている。欧米列強の権益を守るにあたり、一方的に日本側が悪く、フランス側が切腹の場から退席したのは事由があったからだと記している。ただ、切腹を助命嘆願に切り替えたことで、残された九名は「精神的痛手を受けた」とアーネスト・サトウは述べている。

この堺事件は、治外法権という西洋の法解釈、「力は正義」という西洋の倫理観が、日本の慣習と真っ向からぶつかった事件ということが見えてくる。剛腕のイギリス公使ハリー・パークス相手に交渉ができる勝海舟や大隈重信のような人ばかりだけではないだけに、当時の苦労はいかばかりであったか。

〈人物相関図 2〉

第24話　慶応三年のキリシタン弾圧の真相

平成三十年（二〇一八）六月、「長崎と天草地方の潜伏キリシタン関連遺産」がユネスコの世界文化遺産に登録された。このことで、長崎や熊本の天草地方はにわかに脚光を浴び、観光客も増えた。もともと、地勢的なこともあり九州各地には隠れキリシタンの遺跡が多い。ゆえに、キリシタンが潜伏していても、なんら不思議はない。

安政五年（一八五八）、日仏修好通商条約が締結され、元治二年（一八六五）には、長崎の浦上に教会堂が建てられた。そして、フランス人宣教師に信仰を告白するために潜伏キリシタンが訪れた。

ところが、慶応三年（一八六七）の夏、長崎の浦上地区にいた二千人ほどの信者は捕らえられ、福岡城下の源光院に送られた。源光院は現在の福岡市中央区西公園の近くにあったというが、空襲被害、区画整理の影響なのか、見つけ出すことはできなかった。長崎から福岡まで、成人は海路で、老人子供は陸路で送られた。なかでも歩行困難の老人や子供は俵に詰められ荷物扱いであり、収容先での食事はわずか。なかには生命を落とす者もいた。

しかし、いわゆる「浦上四番崩れ」と呼ばれるキリシタン弾圧は、なぜ、起きたのか。記録によれば、慶応二年（一八六六）頃、長崎の仏教寺院では仏像は縛って横に倒され、代わってキリスト教の本尊像が安置されたという。さらに、キリスト教の本尊を拝めば、金銀財宝は思いのままと教え、その参詣の仕方まで教えていたという。

これだけにとどまらず、長崎市中の橋ごとに、猩々緋《しょうじょうひ》（舶来品のラシャ）の日覆い（ベール）を装ったキリシタンが外国製品を商っており、取り締まりを受けても、フランスの圧力によって解放される。キリシタンたちはフランスに認められた治外法権を利用し、自由奔放に振舞っていた。これが、キリシタン弾圧の背景にあるようだ。

開国以後、日本各地では輸出が優先され物価が高騰。通貨においても金銀の交換レートの相違から、日本の金が大量に海外に流出するというありさまだった。このことから、各藩は質の低下した鋳造貨幣を流通させ、困窮する藩財政に充当していた。キリシタンを収容した福岡藩も同様であった。

明治時代初期、福岡藩は新政府が発行する太政官札の贋札を大量に刷った。これが発覚し、藩知事の黒田長知（福岡藩知事）が罷免されるという事態に及んだ。新政府参議の西郷隆盛に救済を求めたが叶わなかった。皮肉なことに、この時の贋札の首謀者たちはキリシタンらが収容された源光院に監禁され、夜な夜なキリシタンの亡霊に悩まされたと伝わる。

浦上四番崩れといえば信仰上の問題と思ってしまうが、実態は経済を混乱に陥れ、社会秩序を乱したことが大きな要因のようだ。

第25話　榎本武揚の外交感覚と商魂

〈人物相関図 6・10〉

徳川家の菩提寺であった伝通院《でんづういん》（東京都文京区小石川）を訪ねた際、墓地で沢宣嘉の墓を見つけた。沢は文久三年（一八六三）の八月十八日の政変では京の都を追われ、三條実美らとの「七卿落ち」の一人となった。同年、十月には福岡脱藩浪士の平野國臣らとの「生野の変」に決起し、失敗。しばらく身を潜めていたが、維新後には九州鎮撫総督として長崎に赴いた。新政府では外交畑を歩く。しかし、ロシア公使として赴任する直前に急死。明治七年（一八七四）、急遽、榎本武揚が派遣されることになった。函館の五稜郭に立てこもり、官軍と戦った榎本が新政府の公使になるほど外国経験がある人材が不足していたということだ。

この榎本のロシア公使としての功績は多々あるが、帰国に際してのシベリア横断調査旅行の精密さを評価したい。明治十一年（一八七八）七月二十六日から十月二十一日の横浜帰着まで、三か月弱の旅である。鉄道、汽船、馬車を乗り継いでの旅が、どれほど過酷であったか想像もつかない。しかし、異国の地で、毎日、毎日、日記をまとめ、その土地の産物や人情、物産の数量、言語に至るまでを記録していたことに驚く。言葉で言い表せないものは、簡略な絵図を描き、見慣れぬ文字も筆記している。

この帰国の旅で榎本が注目したのがお茶だった。清国（中国）から、ロシアに向けて輸出されるお茶の馬車と何台すれ違ったか。その馬車におよそ何樽が積み込んであったか。それを毎晩、宿で計算し記録している。幕末、日本は諸外国に絹を輸出した。その後、石炭も加わるが、欧米との交易には外貨が必要。そのための輸出産品として、榎本は統計数値からお茶に着目していた。

当初、ヨーロッパの商社がアジアに求めたのは、胡椒などの香辛料だった。それらを持ち帰れば莫大な利益を得られる。その次にお茶（紅茶）が人気となるが、お茶の輸入代金は年々膨らむばかり。イギリスは植民地インドのアヘンを清国（中国）に輸出して貿易の不均衡を解消した。

他方、お茶には砂糖が必要となり、カリブ海などの中南米で砂糖栽培が盛んになった。その砂糖プランテーションでの労働力不足はアフリカの黒人奴隷で補った。アフリカの部族に兵器を与え、他の部族の奴隷狩りに使役した。欧州の求める嗜好品がアジア、アフリカの富を簒奪した。その負の連鎖は、日本への捕鯨船の接近だった。鯨油は工業油として必須だったからだ。

オランダ留学の経験がある榎本からすれば、紅茶が好きなロシア人に日本のお茶を送り込めば良いと考えた。榎本は帰国途中、ウラジオストックの貿易事務所を経由して日本のお茶を見本として送るとまで確約していた。先人の、この商魂には、感嘆するばかりだ。

＊長州藩を主体とする尊王攘夷派を薩摩藩、会津藩主体の公武合体派が京都から追放したクーデター。尊王攘夷派公卿の三條実美ら七卿は長州藩へと落ちていった。さらに、このうちの三條ら五卿は太宰府天満宮・延寿王院へと移転をした。

西郷の憂鬱

〈人物相関図 2〉

第26話　いまだ決着をみない征韓論争

明治維新から百五十年も経過しようかという時代に、いまだ論争の種になるのが「征韓論」だ。明治六年（一八七三）、西郷隆盛や板垣退助らが明治新政府の参議を辞し下野した。その背後には岩倉具視、大久保利通らと「征韓論」を巡って意見が対立したからといわれる。その後、明治十年（一八七七）の西南戦争で西郷が決起したことから、不平士族の代表として西郷は「征韓論」者の烙印を押された。しかし、西郷には武力で朝鮮（韓国）を制圧しようという考えはない。むしろ、説得のために朝鮮に赴く「遣韓論」者であるとの意見も消滅せず、この論争に決着はつきそうにない。

この論争の確認もあって南洲墓地（鹿児島市上竜尾町）を訪ねた。西郷隆盛の墓を取り囲むように、西郷に従った人々の墓が林立する様は壮観だった。その西郷の墓に近い位置に幕僚とも呼べる人々の名前を刻んだ墓石がある。その中に、池上《いけのうえ》四郎《しろう》（貞固）、別府晋介の墓石を見つけた。「やはり、西郷は遺韓論者だった」と確信した。

西郷隆盛の墓　鹿児島の南洲墓地

明治五年（一八七二）、西郷、板垣の両名は、北村重頼（土佐）、別府晋介（薩摩）を朝鮮に、池上四郎（薩摩）、武市熊吉（土佐）、彭城《さかき》中平《ちゅうへい》（長崎出身の中国語通訳）を満洲に派遣し、朝鮮有事についての情報収集にあたらせた。「征韓論者」といわれる西郷、板垣は事前に朝鮮有事、ロシアの南下についての状況調査を行わせていたのだった。朝鮮問題を、軍事力で解決するという意図は無かった。

さらに、「征韓論」が不満で西郷は下野したといわれるが、実際は、明治新政府の官僚たちの腐敗にあるといわれる。その事件が、明治三年（一八七〇）七月の横山正太郎（安武）の諫死である。薩摩藩士である横山は、薩長土肥という勝者が遊蕩にふける様を厳しく批判した。長州の井上馨を西郷が皮肉った話は有名だが、肥前の大隈重信もその例に漏れない。

「征韓論」ばかりが注目されるが、明治六年には地租改正条例が公布された。幕政時代の米の石高による年貢から、土地所有に対する現金での納税に変わるという変革の時だった。

明治七年（一八七四）、権力を掌握した岩倉具視は武市熊吉らに襲撃された。「赤坂喰違坂事件《あかさかくいちがいざか》」だが、武市らは同年七月、処刑されてしまい真相は封じられた。

明治七年（一八七四）の佐賀の乱、明治九年（一八七六）の熊本神風連の乱、萩の乱、秋月の乱、そして、西南戦争を不平士族の反乱と歴史は位置付ける。しかしながら、これら反乱の意図がどこにあったのか、詳細に検証された節はない。

もともと、武力による「征韓論」は長州の大村益次郎らが言い出したことと伝わる。しかし、大村は明治二年（一八六九）に暗殺された。真相は闇の中ながら、政権の正統性を打ち出すため、西郷を「征韓論者」にしているのではないだろうか。

＊清国（中国）の属国であった朝鮮を巡って、西洋列強は植民地化を狙っていた。ここに、南下政策として領土拡大を進めるロシアが朝鮮支配を画策する。朝鮮との交易もさることながら、ロシアの南下（朝鮮支配）は日本侵略の危機的状況に陥ることになる。この西洋列強、ロシアの脅威にいかに対処するかが当面の問題となっていた。

第27話　征韓論に火を点けた半井桃水

〈人物相関図 2〉

樋口一葉といえば、五千円札の肖像画の女性として知られる。「たけくらべ」「にごりえ」などの小説を遺しながらも、わずか二十四年余の生涯を閉じた。死因は肺結核によるものといわれる。幸せ薄い女性だけに、浮いた話のひとつも無かったのかと余計な心配をしたくなるのが人情だろう。そんな一葉の足跡を求めて本郷（東京都文京区）界隈を歩いた。生活苦の一葉を支えた質屋、一葉が日常生活で使っていた井戸などが遺る。井戸は、今も生活用水として利用されていた。

その一葉には、惚れた相手がいたらしい。半井桃水《なからいとうすい》といい、朝日新聞に「胡砂吹く風」という小説を連載していた人物だ。小説作法を学びたいとして一葉が半井に接近したと伝わる。

この半井は対馬藩の医者の家に生まれ、幼少の頃、朝鮮釜山の倭館にいた。江戸時代、朝鮮との交易は対馬藩が窓口となって行われた。西洋医学が普及する以前、医療行為の中心は漢方医であり、朝鮮人参はその施薬の中でも最高位の薬だった。その朝鮮人参の輸入窓口として、幕府から別格の扱いを受ける対馬藩だった。半井家も、医者の家として朝鮮人参の扱いで派遣されていたのだろう。

しかし、慶応三年（一八六七）、王政復古となり幕藩体制は崩壊。対馬藩が独占していた朝鮮交易も明治新政府の管轄に置かれた。とはいえ、全てが一挙に変わったわけではなく、やはり、交易の窓口、中心は旧対馬藩の役人が行っていた。そんななか、旧体制から新体制に移行したと朝鮮に通達しても、日本の政変がどんなものかは通じない。ましてや、新政府の役人は和装から洋装へと変化している。ここに朝鮮と明治新政府との齟齬が生じた。

明治六年（一八七三）、いわゆる「征韓論」によって西郷隆盛、板垣退助、江藤新平らは下野した。これは、新体制になった日本の国書の受け取りを拒否する朝鮮に使節を派遣する、しないという政治対立から起きた事件だった。この「征韓論」の陰には、先述の半井桃水がいた。少年桃水は、釜山の倭館前に建てられた立て札の内容を書き写し、外務省の役人に渡したが、倭館の日本人への生活用品の販売禁止、日本批判で満ちていた。これに日本政府が激怒し、朝鮮討つべしという論が巻き起こった。

半井桃水の連載小説「胡砂吹く風」は明治期の日本人からすれば関心が高かったとみえる。従来、限定的にしか知ることができない朝鮮の内実を小説といえども垣間見ることができるからだ。同じアジア民族といえども、急速に欧米化を進める日本と東洋的な文化を固持する朝鮮との間に摩擦が生じるのも致し方ない。その摩擦の火種は少年半井の書き写した文書であった事を一葉は知っていたのだろうか。

第28話　南洲墓地の北を向く墓碑

〈人物相関図　2・4・5・12〉

鹿児島市上竜尾町の南洲墓地を訪ねた。錦江湾の桜島が眼前に迫り、風光明媚な場所だが、明治十年（一八七七）の西南戦争で西郷に殉じた人々の墓地だ。その林立する墓石の多さに声を失うが、それらの中に二基、「福岡隊士」の墓がある。西郷の決起に呼応した「福岡の変」にも深い関係があるだけに、絶対に確認したかった墓碑だ。

川越庸太郎　明治十年九月二十四日　城山　二十六歳
川庄喜徳　明治十年九月四日　米倉の戦（鹿児島市役所付近）二十六歳
福岡隊は薩軍に呼応して決起したが、薩軍と合流できないまま全滅。戦死者一〇四名。

西南戦争に旧福岡藩士が呼応したのは知っていた。福岡藩第十一代藩主の黒田長溥は薩摩島津家からの養嗣子であり、島津斉彬が藩主になれるよう幕閣に働きかけたのも長溥だった。福岡藩と薩摩藩の関係は藩主の血縁関係だけではなく、薩摩藩と長州藩との盟約に結びつけた「薩長和解」を福岡藩筑前勤皇党が主導したことにもあった。西郷隆盛と福岡藩士たちは深い人間関係を築いていたからだった。

北を向く福岡隊士の墓　鹿児島の南洲墓地

この西南戦争に呼応した旧福岡藩士の決起は「福岡の変」と呼ばれる。今も平尾霊園（福岡市南区平和）の特別区に「魂の碑」として刑死、戦死、獄中死となった人々を慰霊している。当然、南洲墓地の墓碑に刻まれる川越、川庄の名前もある。福岡側の記録と異なる箇所があるが、情報が錯綜したのだろう。

福岡側の記録では、越智彦四郎、武部小四郎、久光忍太郎など刑死した者五名、川越、川庄など戦死した者五十一名、松浦愚など獄中死した者四十三名、合計九十九名の名前がある。なかには、わずか十六歳で戦死した石内琢磨、江上清、水野乙吉の三名もいる。不平士族の反乱と一言で片づけられない理由があるはずだが、いまだ具体的にはなっていない。西郷に対する義理立てだけとは言えない不満が鬱積していたのは間違いない。

維新のバスに乗り遅れたと言われた旧福岡藩だけに、西郷の決起に合わせての第二の維新をと思ったのかもしれない。地租改正、太陰暦から太陽暦という生活の変化、徴兵という負担が増加したことへの不満や変化に嫌気がさしての暴発だったかもしれない。

欧米列強のアジア侵略に対抗する方策としての明治維新だった。理由は多々あるが、多くの先人の血が流れたことを知らなければならない。数多の墓石群の中、桜島に背を向け、北の方角になる福岡を向いて立つ川越、川庄の墓碑を前にして、考える事々は多い。

そして、死後とはいえ、常に故郷が見えるようにとの薩摩人の情けをありがたく思う。

第29話　明治三十六年　盛岡高等農林学校に始まる近代農業

〈人物相関図　2〉

宮沢賢治といえば、「注文の多い料理店」「銀河鉄道の夜」など、童話作家として知られる。岩手県花巻市を訪ねた時、吸い込まれるほどに澄み切った空、緑豊かな大地、悠々と流れる北上川に見入ってしまった。その自然豊かな花巻を舞台に描かれる童話は、賢治没後八十年余が経過しても、その人気は一向に衰えない。

その賢治だが、花巻の裕福な商家に生まれ、寺で仏教の話を聞く少年だった。明治四十二年（一九〇九）、県立盛岡中学に入学し寄宿舎生活を送る。大正四年（一九一五）、盛岡高等農林学校に主席で入学。この盛岡高等農林学校は現在の岩手大学農学部になるが、明治三十六年（一九〇三）に開設された日本初の高等農林学校だった。大凶作に苦しむ東北の民を救うとして、近代農法を東北の地に根付かせるための学校だった。

鹿児島大学農学部にある玉利喜蔵の胸像

この盛岡高等農林学校の初代校長に就任したのは、鹿児島出身の玉利喜造だった。この玉利は明治八年（一八七五）に上京、津田仙（津田梅子の父）の農学校に入学。アメリカ留学を経て、農科大学の教授となった。日本の農学博士第一号でもある。いわば、日本の近代農業におけるエリートだ。その玉利が、初とはいえ、なぜ、東北の高等農林学校長に就任したのか。それは、やはり、西郷隆盛の影響が強いのではと考える。

明治六年（一八七三）、明治新政府の参議を辞職した西郷は鹿児島に帰った。故郷鹿児島の自然の中に身を置いていたが、若人たちは政府に対し不満を抱いていた。いつか、何か、事があればと着々と準備に努めていたという。そんな緊迫の度が増す中、玉利喜蔵は一人、黙々と将来を見据えて勉学に励んでいた。そんな玉利を周囲は放っておかず、仲間に加われと恫喝する。しかし、頑としてはねつける玉利は西郷の前に連れ出され、釈明を求められた。

喜造は臆することなく西郷の前で持論を述べ、向学心を露わにした。この時、西郷は「シッカイ勉強シヤイオ（しっかり勉強しなさい）」と玉利に勉学のための上京を勧める。この西郷の後押しを受けて玉利は上京し勉強に励んだが、これが後に盛岡高等農林学校長就任につながる。西郷は農本主義者ともいわれる。農本主義とは、国の基本に農業を置くことといわれるが、人間は食べなければ生きられない、生きることは食べる事。人の役に立つ、その根本は農業である。玉利は大凶作に苦しむ東北の民を助けるという、西郷の農本主義を具現化したのだった。

賢治が生まれ育った花巻は土壌改良が必要だった。賢治は、盛岡高等農林学校で得た知識を花巻農学校の生徒に教え、自らも熱心に土壌改良の指導や相談にのった。今、東北の地は豊かな大地である。もし、あの時、西郷が玉利の向上心を挫いていたならば、賢治の近代農法は実を結ばず、童話も遺らなかったのである。

第30話　西南戦争の史跡と明石元二郎の墓

〈人物相関図　2・12〉

明治十年（一八七七）、西郷隆盛が率いる薩軍と政府軍との戦いである西南戦争が始まった。

征討総督有栖川宮熾仁親王仮本営阯碑

この時、筑前勤皇党に連なる旧福岡藩士も薩軍に呼応。政府軍は仮本営を勝立寺（福岡市中央区天神）に置いた。さらに、政府軍の軍需物資を積んだ船が博多湾に入ってくる。敵と味方が入り混じる福岡博多の町の混雑ぶりは、どんな様子だったのだろうか。

時折、この西南戦争の痕跡として勝立寺へ案内することがある。寺の山門右手に地下駐車場入り口がある。その脇に政府軍仮本営があったことを示す石碑が立っている。「征討総督有栖川宮熾仁親王仮本営阯」と彫られており、その碑の前に案内する。

ほとんどの方が、「まったく、気づかなかった……」と言われる。

山門左手には、寺の由来を示す看板もあるが、これも関心を持って読んでいる人は稀にしかみかけない。日蓮宗僧侶とバテレン（キリスト教）との宗論争いに日蓮宗が勝ったことから勝立寺と名付けられた。この寺のもっとも大きな信徒は明石家であり、今も勝立寺の境内には明石家の墓石が林立している。

目立たないが、この明石家の墓碑群のなかに明石元二郎のものがある。明石元二郎と墓石に彫られているわけではないので、多くの方はご存じない。

明石元二郎の墓　勝立寺

少林院殿柏蔭自得大居士

この院号を贈ったのは生前、明石と親交のあった永平寺管長日置黙仙禅師である。ただし、「柏蔭」は明石の号として大連の妙心寺別院圓山大嶺和尚が贈ったものだった。

明石は台湾総督（陸軍大将）時、病気治療のため福岡に帰省中だったところ急逝。しかし、親しい人に台湾に葬って欲しい、神式での葬儀をと言葉を遺していた。このため、遺体は台湾に送られ、神式の葬儀が執り行われている。

この明石を一躍有名にしたのは、なんといっても、明治三十七年（一九〇四）からはじまった日露戦争での諜報活動である。近代戦は軍隊と軍隊との軍事衝突だけではない。敵の中枢機能を不全にする後方攪乱や大衆を巻き込んでの厭戦気分の醸成も含まれる。現代でいえば、インターネットの回線に侵入して指揮系統を破壊し、偽の情報を流して混乱に陥れることに匹敵する。

明石は三歳の頃、父を亡くした。郷土福岡の人々の援助を受け士官学校へと進み、海外公使館付きの武官として語学力を磨き上げた。この武官時代、同郷の外交官栗野慎一郎と絶妙なペアを組んだことも日露戦争勝利の要因の一つではなかったろうか。

ちなみに、西南戦争は明石が十三歳の時のことであり、上京中だった。もし、明石が福岡にいたならば、どうしただろうか。戦いの趨勢を分析していたかもしれない。

第31話　不平等条約下で起きた長崎事件

〈人物相関図　3・23〉

現在の福岡県庁（福岡市博多区）は東公園の一画にある。ここは以前、松原の続く風光明媚な場所だった。幕末、この地を訪れた長崎海軍伝習所のオランダ人教官カッテンディーケは、その美しさをオランダの故郷のようだと絶賛した。

その東公園に足を踏み入れると、大きな二体の銅像が立っている。ひとつは小高い丘に立つ亀山上皇像だ。もう一つは、「立正安国論」を唱えた日蓮上人像である。いずれも、文永十一年（一二七四）、弘安四年（一二八一）の元寇襲来に関係している。このことから、この二つの銅像は元寇襲来に由来するものとみられる。対馬、壱岐、北部九州を襲った元寇だけに、福岡市とその近郊には元寇防塁や軍船石碇など多くの史跡が遺っている。この二体の銅像が、元寇襲来に関するものと思われても、何ら不思議ではない。

しかし、この二体の銅像は「長崎事件」が発端だった。長崎事件とは、明治十九年（一八八六）八月、長崎港に入港してきた清国北洋艦隊の水兵たちが起こした暴動事件である。清国水兵たちは長崎の遊興街で泥酔し、店の者や市民に暴力を振るった。そこで、警察官によって水兵たちは清国領事館に突き出された。明治

亀山上皇像と台座裏面
廣田弘毅の父・徳平の名前もある

四年（一八七一）に締結された日清修好条規は欧米列強と同じで、日本側に逮捕権も裁判権も無い不平等条約だったからだ。

事件から数日後、領事館に連行されたことを恨みに思った清国水兵四百人余りは長崎の警察署を襲撃し、警察官らと市街戦を繰り広げた。日本、清国双方に死者、多数の重軽傷者を出すに至った。この不平等条約下で起きた長崎事件を現代日本に置き換えたならば、どれほど理不尽な事件であったかが容易に想像がつく。

さらに、この事件には伏線がある。慶応四年（一八六八）に清国人が丸山遊女にアヘンを売りつけ、吸引した四人が死亡している。このため、明治十六年（一八八三）には居留地の清国人のアヘン吸引を取り締まったことから乱闘となり、条約違反として清国側は警察官のサーベル佩剣禁止に成功した。長崎事件で、清国人水兵が警察官を襲撃したのも、警察官がサーベルを所持していないことを知っていたからだった。

明治三十七年（一九〇四）、湯地丈雄の尽力で銅像は立った。その翌年五月、日露戦争での日本海海戦となり、この銅像と博多の町は砲撃音で揺れに揺れたという。元寇襲来の記念とみられる東公園の銅像だが、その実、清国（中国）の主権侵害への対抗、ロシアの侵略を防ぐための象徴である。

なお、湯地丈雄とは、長崎事件で応援部隊を率いた福岡警察署長である。職を辞し、銅像建立の募金活動に後半生を捧げた人だが、横井小楠の最後の高弟といわれる安場保和の親族と伝わる。

第32話　北海道開拓と志士、そして民権論者

〈人物相関図　1・3・23〉

福岡県中間市に「月形潔生誕記念之碑」があるので訪ねた。この月形は明治十四年（一八八一）に設けられた樺戸集治監の典獄（刑務所長）として北海道開拓に尽力した人物だ。北海道開拓には多くの囚人が使役されたが、その多くは武士の反乱、自由民権運動で政府に抵抗した政治犯が主だった。

原生林と荒野が広がる厳寒の地、北海道を開拓するのは困難がつきまとった。囚人たちは、もとは武士だけに腕に覚えのある者が多い。脱走や看守への暴行は日常茶飯事。ついには、泣く子も黙ると恐れられた新撰組の永倉新八を看守たちの撃剣師範で招くほどだった。新撰組の永倉がいると聞いただけで、おとなしくなった囚人もいたのではないだろうか。

月形潔の胸像

その北海道開拓は囚人だけでなく、日本各地からも開拓団が入植した。縁もゆかりもない土地に、なぜ、人々は入植していったのか。この背景には、維新後の地租改正があるのではと考える。幕藩体制時代、農産物の収穫高によって決められた税（年貢）が、新政府では土地所有を基本とした金銭での納税に変わった。土地の生産性を熟知しない新政府の役人と、農民との間で争いが生じるのは火を見るより明らかだった。この地租改正業務において、剛腕を発揮した官吏に安場保和がいる。あの勝海舟の『氷川清話』において、横井小楠の最後の高弟と評された安場である。

この安場の下で、地租改正業務にあたったのが岡田孤鹿だった。岡田は柳川藩士（福岡県柳川市）だったが、地租改正の官吏として新政府と農民との板挟みになっていた。生産高に応じた年貢を納めれば良かったものが、土地所有に応じた納税となれば、不平不満が嵩じる。これが、政府に地方自治を認めさせる自由民権運動の原点だった。

その運動から、明治二十三年（一八九〇）、第一回の衆議院議員選挙が行われた。民力休養（税の軽減）を主張して出馬した岡田は当選。しかし、明治二十五年（一八九二）の第二回衆議院議員選挙は、民力休養を主張する岡田らに政府は露骨な選挙妨害を行った。この時、かつての上司安場保和が先頭に立って選挙妨害を指揮した。今に伝わる「選挙大干渉」だが、各所で血の雨が降った。それでも、なんとか、岡田は当選を果たした。

しかし、明治二十七年（一八九四）、岡田は故郷の柳川から北海道胆振（現在の勇払郡厚真町）に入植した。薩長藩閥政治、議会政治に失望したからだった。

「かわず（蛙）鳴く　ひびや（日比谷：最初の国会議事堂があった）の原を行き過ぎて　胆振の奥に　我が世つくさん」

岡田は議員たちを蛙と揶揄し、二番目の妻とその子を連れ、農場経営を夢見て北海道に渡った。北海道は、戦いに敗れた者たちの安住の地になりえたのだろうか。

避けて通れない中国大陸との関係

第33話　歴史の襞に封印される定遠館

〈人物相関図 9・15・37〉

明治二十七年（一八九四）に始まった日清戦争での戦争遺物である「定遠館」が太宰府天満宮の一画に遺っている。その経緯について『太宰府天満宮の定遠館』に記したことから、読者の方から「定遠館」の案内を求められる。

「定遠館」を建てたのは小野隆助だ。その小野隆助は久留米水天宮の宮司を努め、元治元年（一八六四）の「禁門の変」で自決した真木和泉の甥であり、太宰府天満宮の神職、衆議院議員、香川県知事も務めた人であると説明する。「知らなかった……」との声があがる。

現在、歴史教科書では日清戦争、日露戦争を「侵略」戦争と教える。その具体的な事例として、ビゴーというフランスの画家が描く風刺画が使われる。朝鮮という魚を釣り上げようとするチョンマゲのサムライ日本とチャイナ服の清国、そして、橋の上から様子を伺うヒゲ面のロシア人の絵だ。ゴシップ画といえども、この一枚は強く印象に残る。

なぜ、「学問の神様・太宰府天満宮」に戦争遺物があるのか。「定遠館」を実際に目にした方々は疑問を抱く。しかし、明治期の日本と朝鮮、日本と清国との外交を見ていくと、多くの史実が教科書から消えている。明治十九年（一八八六）、長崎で起きた清国水兵の暴動事件「長崎事件」などは、その代表である。史実が消えているため、ビゴーの風刺画から、日清戦争は日本の半島、大陸への野望、すなわち「侵略」戦争だったと導かれる。

改修された現在の「定遠館」と光明禅寺に遺る文机（下）

　戦争は、なぜ、起きるのか。それは、相互が抱える不満が外交で解決できないからだ。それを武力で解決するのが戦争である。そう考えれば、日清戦争における日本と清国との相互の不満とは何だったのかを振り返ることは必須だ。主権侵害（侵略）を受けた日本が、主権確保（防衛）のためにとった行動が日清戦争であった。

さらに、中国の革命家孫文は日清戦争勃発に、革命戦争の始まりだとして狂喜した。漢民族の孫文からすれば、満洲族政権（清国）打倒の絶好のチャンス到来だったからだ。数世紀に渡り、満洲族に支配、抑圧されてきた漢民族からすれば、屈辱から解放される革命戦争を、日本が肩代わりしてくれたと歓喜していたのだった。

日清戦争後、威海衛に自沈していた清国海軍の戦艦「定遠」は引き揚げられ、太宰府天満宮の小野隆助の邸に定遠館として遺った。しかし、近年、太宰府市の総合計画で「定遠館」は改修され、当時の貴重な遺産は切り刻まれ、廃棄されてしまった。現状を目にされた方々は一様に「世界に一つしかない史跡を……（破壊して）もったいない」と言われる。

日本では、日本人を蔑視したビゴーの風刺画を用いて日清戦争を「侵略」戦争と教える。反面、漢民族（中国人）の孫文は民族解放の「革命」戦争と評価する。今一度、多面的に、戦争に至る歴史を探るべきではと考える。

第34話　軍歌制定の狙いとは

〈人物相関図　15〉

大東亜戦争後、戦争に関する作品を遺したということだけで、作家を「好戦的」「戦争協力者」とみなす風潮が絶えない。ある意味、「言葉狩り」ではないかと思うが、その対象となった作家が火野葦平だ。『麦と兵隊』『土と兵隊』『梅と兵隊』という兵隊三部作に加え、朝日新聞に連載した小説『陸軍』は映画化までされた。その作品内容を熟読すれば、火野がギリギリの立場で戦地の様子を描き、兵隊に送り出した家族に戦地の状況を知らせる役目を担っていたことが理解できる。反戦文学であり、同時に、人間の内面に潜む極限を描いていたことも見えてくる。現代の感覚で批判される火野が気の毒に思えてしかたない。

火野の小説と同じく、戦地の様子を伝えたものに軍歌がある。明治時代、学校教育制度は完全ではなく、文字の読み書きも満足にできない庶民は多かった。ゆえに、新聞での伝達にも限りがある。このような時、「耳学問」とも呼ばれる講談、芝居、落語などが有効な伝達手段だった。そこに新しく登場したのが、軍歌だ。明治時代、唱歌、賛美歌とともに、軍歌も一定のリズムに歌詞を付したものとして庶民の間にもてはやされた。

その軍歌を作詞した人として、歌人の佐佐木信綱は著名だ。日清戦争での黄海海戦を描いた「勇敢なる水兵」、日露戦争での乃木将軍とステッセル将軍との会見である「水師営の会見」は、軍歌といえどもニュース性も高いことから人気を博した。「勇敢なる水兵」は明治二十七年（一八九四）九月三十日付の読売新聞に掲載された「向山松島號副艦長の談話」を参考にして作詞されたという。「まだ、沈まぬや定遠は……」という歌詞を覚えている方も多いのではないだろうか。

太宰府天満宮に「定遠館」を建てた小野隆助も、この佐佐木信綱作詞の「勇敢なる水兵」に深い感銘を受けた一人ではないかと推察する。

軍歌といえば、戦意高揚が目的のように思われる。しかしながら、その成立の背景を辿っていくと、軍規の維持、敵国の人々を蔑視する風潮を戒める役目があった。軍歌が誕生する以前、兵士たちは勝手な節回しに卑俗な言葉を並べた歌を歌っていた。満足な教育を受けていない人々が徴兵によって集められただけに、低俗になりがちであるのはやむを得ない。そこで、兵士として、人としてのあり方を軍歌という形で浸透させていった。そう考えると、佐佐木信綱は重要な使命を負っていたことになる。

佐佐木信綱といえば、卯の花の匂う垣根に……で始まる唱歌「夏は来ぬ」の作詞者として知られる。「夏は来ぬ」を作詞した人が軍歌を作詞したことに随分と驚いた。しかし、軍歌には国民の多くに伝達するという役目があり、同時に、低俗になりがちな風潮を戒め、人としての生き方を示す方策であったことに感心するばかりだ。

第35話　亡命者の定宿・常盤館

〈人物相関図　8・19・37〉

大東亜戦争中、尾崎士郎は朝日新聞に「高杉晋作」を連載していた。その取材で尾崎は、「常盤館」（福岡市博多区千代二丁目）を根城にしていた。ここが高杉の隠れ家であったことを表向きの理由にしているが、尾崎にとって居心地の良い旅館であったことが大きいようだ。

この「常盤館」だが、近代に入ると地元の福岡博多だけではなく、筑豊の石炭成金の宴会場としても賑わった。人の出入りが激しいということは、意外にも、他人の目を眩ます。一説には、革命蜂起に失敗した孫文が、日本亡命時に隠れていた場所と伝わる。

その「常盤館」だが、昭和二十年（一九四五）の福岡大空襲、都市計画などで、今は存在しない。現地に小さな碑が遺るが、これさえ見つけ出すことは困難。いつも、現地への案内役を頼まれる。

常盤館跡碑

高杉晋作が常盤館に潜んだのは元治元年（一八六四）十一月頃のことだが、当時は「若松屋」と呼ばれていた。福岡藩に亡命した高杉だったが、長州藩の藩論が佐幕に傾いた事を知り、帰藩する。しかし、途中で博多に引き返す用事が生じ、再入国の機会を窺うため潜んだのが「若松屋」だった。高杉が隠れた座敷には、用意周到、床の間の掛け軸の裏に逃走用の抜け穴が設けてあった。この高杉の福岡亡命については、野村望東尼の平尾山荘潜伏があまりに有名なため、他の行動にまで関心が及ばない。それだけに、「若松屋」こと常盤館に高杉が潜んでいたと語ると、誰もが驚嘆の声をあげる（第9話、第10話参照）。

さらに、歴史教科書でも習った辛亥革命の孫文が「常盤館」に匿われていたと告げると、ますます、わからなくなると口にされる。その孫文も革命に成功し満洲族政権であった清国を倒し、念願の漢民族による中華民国を建国した。大正二年（一九一三）二月、その中華民国建国の御礼で孫文は福岡を表敬訪問した。国際社会に中華民国を認めてもらう手始めとしての訪問でもあった。

この孫文の福岡訪問では政財界を挙げての歓迎会が開かれた。一時期、身を隠したという

「常盤館」でも歓迎の宴が開かれた。孫文にとって、起死回生の大逆転、政権奪取の機縁になった常盤館に、高杉までもが隠れていたことを知っていたのだろうか。

今、高杉、孫文が潜んでいた常盤館跡には小さな石碑が遺る。福岡市長、衆議院議員、玄洋社社長（第十代）を務めた進藤一馬の手跡だが、ビルの消火設備機器の陰にある。さらに、歩道側からは横向きに立っているので、見つけるのは至難の業。まるで、高杉、孫文の亡命伝説を体現しているかのよう。初めて見つけた時には、そこまでしなくてもと笑ってしまった。

第36話　大陸踏査の資金源は目薬

〈人物相関図　16・17・29・42〉

芦屋町歴史民俗資料館（福岡県遠賀郡）を訪ねた。その資料館で、地元の薬品店「塩田屋」から寄贈されたという「精錡水」の看板を目にした。明治時代初期、「精錡水」は全国的に人気を誇った目薬だが、岸田吟香がアメリカ人宣教師であり医師でもあったヘボンから製法を伝授されたものである。

岸田吟香は若き日、志を抱いて故郷の美作（岡山県）から横浜に出てきた。広い世界を見たかったのだろう。しかし、この横浜で眼病を患い、当時評判だったアメリカ人医師ヘボンのもとに通い、きれいさっぱり完治してしまった。

ヘボンは宣教師でもあったことから聖書の翻訳のため和英辞書の編纂を始めていた。吟香はこのヘボンの辞書編纂の助手となり、ヘボンとともに上海に渡り聖書の印刷を手伝うまでになった。吟香には語学の才能があったのか、上海では現地民とも交流を深めていた。

明治十年（一八七七）、吟香は東京の銀座に楽善堂という薬局を開き、ここで「精錡水」を販売した。これが評判を呼び大繁盛したが、上海にも楽善堂の支店を設けた。これが、後の日清貿易研究所、東亜同文会の基点となった。

かつて、上海に渡った吟香は、欧米人に虐げられる中国人たちを目にした。横浜でも、欧米人に軽く扱われる日本人を見ている。欧米に侵略されながらも、何ら抵抗すらできないアジアの姿に大きく失望した。同時に、生来の負けん気から、アジアの再興を考えるようになった。それには、日本と清国（中国）との連携、清国の政治改革が必須と考え、大陸の調査を始めたのだった。

明治十九年（一八八六）、吟香と意気投合した荒尾精は、中国大陸の漢口に楽善堂を設けた。一般に、漢口楽善堂と呼ばれるが、大陸で目薬、書籍販売の行商を行いながら、大陸の隅々まで調査を続けた。人口、産業、風土、交通、時には軍事についても詳細な報告書をまとめた。

漢口楽善堂の仲間たちは精力的に大陸を踏査した。その活動資金は吟香が送ってくる薬品や書籍だった。当時の大陸は日本と同じく土埃が舞い、眼病に苦しむ人も多かった。それだけに、目薬は重宝された。吟香は、商品はいくらでも送ると、仲間たちを励まし続けた。この吟香の支援が無ければ、漢口楽善堂の人々は干上がっていたかもしれない。

明治二十七年（一八九四）、日清戦争が勃発。この時、荒尾精、宗方小太郎らの日清貿易研究所の関係者は、通訳官、偵察員として従軍した。日清戦争勝利の陰には、漢口楽善堂の人々が目薬販売で大陸を渡り歩いた情報があったからだった。

なお、岸田吟香の息子は「麗子像」で有名な洋画家の岸田劉生になる。

〈人物相関図　31・37〉

第37話　中国革命とリンゴのつながり

孫文の革命を支援した山田良政、純三郎兄弟を顕彰する碑が青森県弘前市にあると知り、訪ねたことがある。兄の山田良政の碑は孫文。弟の純三郎の碑は蒋介石の手跡という。青森駅から奥羽本線弘前駅を目指す。沿線の両側にはリンゴ畑が広がり、初めて目にする赤く色づいたリンゴの風景を飽きることなく眺めた。

青森県といえばリンゴの名産地だが、秩禄を失った武士階級の生活手段としてリンゴ栽培が始まった。それが今では青森を代表する果物に成長した。この青森のリンゴだが、季節になると「ミスリンゴ」が東京の台北駐日経済文化交流処を表敬訪問する。驚くことに、青森県の輸出用リンゴの七割が台湾向けだった。青森県にとって、台湾は大のお得意さんだったのだ。

この「ミスリンゴ」の表敬訪問のニュースを見ながら、台北駐日経済文化交流処で開かれた「中華民国（台湾）建国百周年記念特別展」を思い出した。二〇一一年（平成二十三）六月に開催された特別展だが、中華民国建国の父・孫文と日本人との交流の歴史を見ることができた。孫文の革命を支援した日本人は多いが、青森県弘前市出身の山田良政、純三郎兄弟の事績は、なぜか、忘れ去られている。

山田兄弟の碑は弘前市寺町の貞昌寺山門を潜ったすぐに二基並んでいた。雪の季節であればすっぽりと隠れ、碑の頭しか見えないという。訪ねた折、寺の坊守さんが山田兄弟の事績、台湾との関係を語ってくださった。しかし、地元の方々の関心は薄いと言われる。かつては、台湾の大使が日本に着任した際の初仕事が山田兄弟の碑への参拝だったという。けれども、田中

貞昌寺の山田兄弟の碑

角栄首相の時代、中華人民共和国との国交が樹立したと同時に、中華民国（台湾）とは国交断絶となった。以後、この山田兄弟の碑を中華民国が参拝することはなくなった。しかしながら、民間レベルではリンゴが青森県と台湾とをつないでいたのだった。

山田兄弟が中国革命を支援するきっかけとなったのは、同郷の陸羯南の影響からだった。陸羯南は新聞『日本』を創刊するジャーナリスト。漱石の親友である俳人の正岡子規を採用し、政治風刺の俳句を寄稿させたことでも知られる。

陸羯南は、山田良政に、時代は中国大陸であると説き、上海へと向かわせた。そして、恵州蜂起で日本人初の戦死者となった。孫文はその死を深く悲しみ、弘前に碑を立てたのだった。建立式典には、宮崎滔天が孫文の名代として出席したという。

弟の純三郎は兄の意思を受け継ぎ、孫文の秘書としても活躍した。今でも、台湾が青森県のリンゴを大量に輸入するのは、山田兄弟に対する恩顧からだろうか。

蛇足ながら、子規は芯まで齧るほどリンゴを好んだ人だった。

暴力か正義か

第38話　大隈重信と玄洋社

〈人物相関図　19・20〉

平成二十九年（二〇一七）三月二十日、佐賀市文化会館で「大隈重信と玄洋社」と題した講演会で講師を務めた。佐賀市は大隈重信の故郷である。その佐賀市で、玄洋社の話をすることになった。当然、大隈に爆裂弾を投じた玄洋社員の来島恒喜の話は避けて通れない。まさに敵地に乗り込む気持ちだった。

この来島が大隈に爆裂弾を投じた事件は、明治二十二年（一八八九）十月十八日、午後四時五分におきた。大隈を乗せた馬車が外務省の門を潜りかけた瞬間、来島は大隈に一礼。その刹那、傘と帽子を打ち捨て、両手で何かを捧げるかのように爆裂弾を馬車に投じた。「御見舞申す」と現場近くにいた人力車夫には聞こえたという。

大隈記念館の大隈重信の銅像　佐賀市

この出来事は、大隈が進める不平等条約改正案を阻止するためだった。世論は大隈案に反対を表明していたが、大隈支持の政府は反対意見を権力でねじ伏せた。その反発が、実力による阻止だった。現代でも、公権力が反対集会を許可せず、政府批判の記事不掲載に出たならば、どうなるか。容易に想像がつく。

ただ、郷土の英雄・大隈重信を襲撃したとなれば、理由のいかんを問わず、来島恒喜は悪者になる。佐賀市での講演は、注意を要する。そこで、大隈と玄洋社が和解している証拠の写真を見てもらうしかない。

会場は、軽く百名を超す聴衆が詰めかけていた。事前に、プロジェクターを用意していただき、玄洋社初代社長・平岡浩太郎の墓所を見てもらう。聖福寺（福岡市博多区御供所町）の平岡の墓所には、一基の顕彰碑がある。その碑には、大隈の名前が刻まれている。平岡は明治三十九年（一九〇六）年十月二十四日に病没した。大隈が襲撃を受けてから十七年近く経過している。「はたして、敵対する玄洋社社長の顕彰碑に大隈が名前を遺すでしょうか……」、と聴衆に問いかけた。「まさか……」という空気が流れる。

さらに、大隈がこの平岡の葬儀に際し、弔辞を読んでいることも紹介した。実際は「悼辞」となっている。

「噫人生は無常なり、平岡君は齢に於て、余より少なき二と十有餘にして、平素最も壮健に最も快活なる人物なり。」で始まる大隈の弔辞には、来島が投じた爆裂弾の事にも触れている。「君の部下の一人（来島のこと）は、余を殺さむとしたりき。」と読み、爆裂弾を「一個の意思」と表現した。「意思」は「石ころ」の「石」に置き換えてよいかもしれない。

「殺身成仁」と刻んだ慰霊碑が崇福寺（福岡市博多区千代）の玄洋社墓地にある。「身を殺して仁を成す」と読むが、この言葉も大隈が読んだ弔辞の中にある。

第39話　李鴻章を診察した内務省衛生局医師・中浜東一郎

〈人物相関図　1〉

明治二十八年（一八九五）四月二十四日、清国の李鴻章が下関で襲撃された。前年に始まった日清戦争も日本の勝利が見えていた。そんな中、イギリスの仲介もあり、講和談判が下関（山口県）で始まった。しかし、警備の隙を衝いて小山六之助が全権の李鴻章に拳銃を発砲したのだった。講和の実務担当者である陸奥宗光は、この日本側の警備の失態を嘆いた。明治天皇はすぐさま李鴻章に遺憾の意を述べ、医師団を派遣した。この時の詳細は、『中浜東一郎日記』に新聞記事も含めて記されており、興味をもって読み進んだ。

李鴻章の診察には陸軍省軍務局長の石黒忠悳《いしぐろただのり》、軍医監の佐藤進、そして、内務省衛生局医師・中浜東一郎が臨んだ。石黒らは大本営が置かれた広島から、中浜は門司（北九州市門司区）からだった。中浜は門司でコレラ患者が発生し、衛生警察としての対応で滞在中だったが、山口県警の重ねての要望で医師団に加わった。内務省としても、警備の失態を少しでも緩和したいとの考えがはたらいたのだろう。

李鴻章の怪我の詳細は新聞に報道された。眼鏡は破損し粉々。眼は充血しているが、ガラス片での眼球への怪我はない。しかし、銃弾が左目のくぼみ付近から入り、頭部に残ったまま。消毒と清潔な包帯交換で化膿はしていないが、現状を見守るしかなかった。講和の談判中だけに、国際世論は清国に同情を傾ける。談判は日本有利に進んでいたが、この一発の銃弾が影響し、順調には進まなかった。

要人警護においては、明治二十四年（一八九一）、ロシア皇太子が滋賀県大津を通過中、警備の巡査である津田三蔵が斬りつけた「大津事件」が起きている。要人警護について、二度も同じ不手際を繰り返した。陸奥が嘆くのも致し方ない。

この講和談判が最終段階に入っている頃、内務省は陸軍省と軍隊検疫に関して協議を行っていた。戦争終結後、戦地からは多くの兵員が帰還する。戦地は想像を絶する不衛生の地であり、過酷な環境に身を置いた兵士たちの肉体の衰弱も激しい。もし、戦地から持ち帰る病原菌が日本国内に蔓延したならば、内地の日本人も感染し大変な事態が発生する。このため、陸軍省は復員兵の軍隊検疫の実施を考えていた。

平常、日本国内での衛生維持は内務省衛生局の管轄だった。港に入港する船舶が持ち込むコレラ菌、赤痢菌などを水際で防いでいた。しかし、患者が発生すると、現地に内務省医師を派遣し対処していた。中浜東一郎が門司にいたのも、このためだった。

万延元年（一八六〇）、日米修好通商条約批准で勝海舟は咸臨丸艦長格として太平洋を渡った。

船には、アメリカの捕鯨船に救出された土佐の漂流民ジョン万次郎が通訳を兼ねて乗っていた。中浜東一郎はそのジョン万次郎の息子である。

第40話　星亨と原敬、そして足尾鉱毒事件

〈人物相関図　1・3〉

明治三十四年（一九〇一）六月二十一日、東京市庁参事会議室で星亨が暗殺された。犯人は伊庭想太郎という銀行の役員も務めた男だった。星が油断をした隙に背後に回り、所持していた短刀で肺や腹部、頸動脈を突き刺した。星はその名前から「おしとおる」と揶揄されたが、伊庭は星の強引な政治手腕に憤りを覚え、犯行に及んだと伝わる。

大正十年（一九二一）十一月四日、平民宰相と称された原敬が東京駅で殺された。犯人は中岡艮一という十九歳の青年だった。犯行に及んだ理由は不明。短刀で一突きという、まったくの虚を付いた犯行だった。

明治時代、横井小楠、大村益次郎、広沢真臣、大久保利通、森有礼と要人の暗殺が続いた。

大正、昭和の時代も政府要人のみならず、財界人、軍人にまで拡大していった。しかし、要人たちは要人たちで、平生から遺書を認め、覚悟の上で職務についていた者が多い。

星亨は第四次伊藤博文内閣で逓信大臣を努めたが、疑獄事件で辞職。その後任は原敬が努めた。星も原も、ともに暗殺されるという機縁に驚くが、この両者の関係はこれだけではない。星亨は暗殺される直前、政友会本部で原敬と将棋をさしていた。会議の時間が迫ったため原との勝負は一番のみだったが、将棋盤を挟むほど、両者の仲が良かったということだ。星が大臣の椅子を原に譲ったというのも、分からないでもない。

この星亨が暗殺された年、もう一つの大きな事件が起きた。田中正造による明治天皇への直訴事件である。これは十二月十日、第十六回帝国議会開院式に臨んだ帰りの明治天皇の馬車に向け、田中が足尾銅山の鉱毒被害解決を訴えたものだった。この直訴事件は、田中の精神攪乱によるものとして処理されたが、その後も足尾鉱毒事件の解決に向けて田中は活動を続けた。この問題を政府は対応どころか、農民や支援者の鎮圧にかかったのだった。

この足尾銅山は古河市兵衛が経営していた。井上馨や陸奥宗光といった政界要人が関係している。井上馨の妻の娘（連れ子）は原敬の前妻だった。陸奥の子息は古河の養子であった。陸奥の引き立てを受けたことで、星亨や原敬は政界の中枢に進む事ができたが、原は古河鉱業の副社長にも就任した。

原敬を刺殺した中岡艮一だが、父親は足尾銅山の技師だったという。星亨、原敬という二人の人物が暗殺されたということから共通点を探っていくうち、足尾銅山の鉱毒事件が出てきた。勝海舟はかつての神戸海軍操練所での教え子である陸奥宗光に不満を募らせていた。足尾銅山の鉱毒対策を蔑ろにするからだった。文明、文明と言いながら、旧幕時代には鉱毒など垂れ流したことは無いと手厳しい。はたして、文明とは何なのか。

第41話　伊藤暗殺の真の標的は外交官の川上だったのか

〈人物相関図　11・22〉

明治四十二年（一九〇九）十月二十六日、満洲のハルビンで伊藤博文が暗殺された。伊藤を狙ったのは朝鮮人の安重根だった。この時、安重根が使用した拳銃弾は、頭部にヤスリで十字の刻みが入ったものだった。その弾丸が、東京の憲政記念館に展示されているというので、確認のために訪ねた。

この暗殺事件では、伊藤の随員五人も被弾している。その内訳として、室田《むろた》義文《よしあや》五発、中村《なかむら》

国会議事堂近くにある憲政記念館

是公《よしこと》二発、森泰二郎、川上俊彦《かわかみとしつね》、田中清二郎の三名は各一発ずつ、伊藤は三発被弾しているので、合計十三発の被弾になる。しかし、安重根は五発撃っており、いずこからか八発、余計に銃弾が飛んできたことになる。安重根はどこで射撃訓練を受けたのか、拳銃弾の頭部にヤスリで刻みを入れることを誰から教わったのか。疑問が疑問を呼ぶ事件ではある。

この事件での随員の中で、川上俊彦という名前が気になった。川上はロシア語を専攻した外交官であり、事件当時はハルビン総領事だった。日露戦争中、乃木希典の通訳官を務め、同時にロシア国内のポーランド独立運動家を支援していた。表向きは外交官、裏面ではスパイというのは外交の世界では常道だが、日露戦争の怨恨が覚めない時に登場した川上は、ロシアからすれば立派なターゲット。安重根に伊藤博文を狙わせ、他方、スナイパーが狙っていたのは川上だったのかもしれない。

そんな妄想を働かせたのも、日露戦争旅順陥落後、ロシアのステッセル将軍と乃木希典の水師営での会見申し込みが思い出されたからだ。この会見は、武士道精神に則っていると高く評価されたが、敗軍のロシアからすれば屈辱的な会見。その会見での日本側の通訳を務めたのが、川上だった。ポーランドの独立運動家を支援し、そして、ハルビン総領事。ロシアからすれば、仇敵の川上だった。

伊藤の随員中、最も多く被弾したのは室田義文だった。室田は水戸藩の天狗党出身といわれる。幕末、水戸藩と長州藩とは密約を結び、政治改革に向けての活動を行っていた。その際の長州藩の木戸孝允（桂小五郎）の密使役を伊藤が努めていたという。その誼で、伊藤は室田を贔屓にしていたという。

中村是公は事件当時、南満洲鉄道総裁であり、あの夏目漱石の親友。中村は漱石を伴い、日露戦争を陰で操ったと言われる杉山茂丸の別荘を訪ねたこともある関係だ。

伊藤の暗殺事件は、清国領土の満洲でありながら、ロシアの主権が及ぶ租借地で起きた。本来、安重根の裁判権の帰属はロシアだが、なぜ、日本に譲渡されたのだろうか。

なお、事件後、川上はモスクワ勤務を経て、南満洲鉄道理事、ポーランド公使という要職を経た。ソ連誕生後は日ソ国交樹立の交渉役であり、ソ連との関係に終始した人だった。

第42話　修猷館投石事件と手裏剣

〈人物相関図　12〉

福岡城近くにある修猷館跡碑

明治二十四年（一八九一）三月、中学修猷館（現在の福岡県立修猷館高校）の学生が投げた石が福岡二十四連隊の隊列に飛び込んできた。学生による意図的行為なのか、偶発なのかは不明だが、この一個の石によって学校と軍隊とが対立した。いわゆる「修猷館投石事件」だが、当時、中学修猷館の学生であった中村天風の講演録にもその時の様子が綴られている。

中学修猷館は、もとは福岡藩の藩校であったことから福岡城の側にあった。福岡二十四連隊も福岡城内にあり、学生と兵士とが至近距離にいたことから起きた事件だった。この事件現場を訪ねたが、今では城の石垣と堀、修猷館跡碑が遺るのみである。

この事件の背景には、封建的身分制度の撤廃と明治六年

（一八七三）の徴兵令がある。四民平等を謳った割には、身分制度は容易に崩壊しない。旧来の武士層が担っていた武力を農民層にまで広げたことから軋轢が生じた。現代では想像もつかないが、身分制度、徴兵令の撤廃を求めての大規模な竹槍一揆までが各地で頻発した。根底には、地租改正に対する新政府への不満が横たわっていたともいわれる。

この修猷館投石事件については、旧武士層、地主層の裕福な子弟が通う修猷館の学生と、旧農民層の兵士との日常的な対立が露呈した事件だった。旧武士層からすれば、徴兵令で集められた農民に戦争なんぞできるものか、という差別的な見方が残っていた。新国家の機構である軍隊と、旧支配階級とのメンツをかけた戦いでもあった。

この事件で矢面に立たされたのが修猷館館長（当時）の尾崎臻《おざきいたる》だった。尾崎の父は、慶応元年（一八六五）十月、福岡藩の筑前勤皇党弾圧事件である「乙丑の獄」により切腹となった。尾崎自身も流罪（投獄とも）となった。維新のために行動した勤皇党の尾崎が、新政府の軍隊と対立するという不幸な事件が修猷館投石事件だった。文部省、陸軍省を巻き込み、相互が立場を主張するだけに終始したが、尾崎が修猷館館長を辞任することでこの事件は決着を見るに至った。

この尾崎の履歴を調べていて驚いたのは、筑前勤皇党が密会の大義名分に使った火魔封じの手裏剣の師範であったことだ。尾崎の父・惣佐衛門は「山ノ井流」、秋月藩の「安倍流」の流派を継承し、それを息子の臻に伝授していたのだった。その手裏剣秘儀、神事の作法に至るまで、を尾崎は弟子の前田勇に伝え、拳法、骨法、居合、杖、吹矢など、各種古武道をも伝授していた。

修猷館投石事件は明治の制度改革の過程でおきた事件だが、世情を知るうえで貴重な記録と考える。さらに、幕末の福岡藩の内訌（内紛）に関係した人々の維新後の生活を知るにも重要と考える。

第43話　漱石の恩師・杉浦重剛

〈人物相関図　3・22・23〉

夏目漱石の唯一の紀行文である『満韓ところどころ』の冒頭、南満洲鉄道総裁（第二代）・中村是公との会話が紹介される。中村是公と漱石は東京帝国大学での同窓生で、互いに「金ちゃん」「ぜこー」と呼び合う仲だった。漱石の本名は夏目金之助であり、中村は「よしこと」と呼ぶのが本当だが、漱石はからかいの意味もあって「ぜこー」と呼ぶ。

この両者の仲の良さ、是公の面倒見の良さは漱石の日記を読んでもよくわかる。一時は危篤状態に陥った漱石だが、なんとか回復。入院中の漱石を見舞ったのは、後藤新平だった。後藤新平とは、内務省衛生局の医師から内相、東京市長を歴任したが、初代南満洲鉄道の総裁も務めた。後藤が台湾民生長官時代、中村が後藤に仕えたのが機縁となっている。うるさ型の後藤が認めるほど、中村が優秀だったということになる。

　後藤新平といえば、岳父は横井小楠の最後の高弟といわれた安場保和であり、杉山茂丸とは暢気倶楽部という異業種交流会のメンバーだった。そんな人脈の中に漱石はいたのだが、中村の案内で漱石は鎌倉にあった杉山の別荘を訪れてもいる。この時、杉山の嫡男である夢野久作こと杉山直樹と面識があったか否かまではわかっていない。

　ある時、この漱石や中村らの卒業を報じる官報の写し（第三〇〇九号、明治二十六年七月十一日）を目にした。官報という公の文書に掲載されるのだから、当時の東京帝国大学の卒業生がいかにエリートであったかがわかる。

　さらに、この漱石は偶然にも生涯における師と巡り合った。大学予備門（後に第一高等中学校に改称）時代の事だが、文部省から禁止されていた下駄での通学をした時のことだった。若気の至りとはいえ、これ見よがしに下駄の音を響かせ廊下を闊歩する漱石。そこに運悪く鉢合わせとなったのが、大学予備門長の杉浦重剛だった。当時の校則は厳しく、違反が発覚すると理由の如何を問わず、何らかの処分の対象だった。

「オイ夏目、君は高下駄の面積と靴のそれとを比較しとるんじゃろうねネ！」

　杉浦は微笑みながら漱石の肩を叩き、立ち去った。

　漱石は、この一件に無限の教訓を感じ、終生、杉浦の偉大さを激賞して止まなかった。

後に、漱石は松山中学、熊本の第五高等学校の教員となるが、『坊ちゃん』『吾輩は猫である』を読んでも、学生のカラカイにも鷹揚と対処するのも、この杉浦の教訓が生きているからだった。

杉浦門下からは漱石以外にも数多の著名人が巣立っていった。乞われて東亜同文書院の院長も務めた杉浦だった。歴史は人が生み出すという前提で考えれば、物事や人物の背景には、複雑にからむ人間関係が存在していることが見えてくる。

第44話　帝国憲法とベルの電話機

〈人物相関図　5〉

明治四年（一八七一）十一月十二日、岩倉具視を大使としての遣欧使節団が横浜を出港した。この使節団百名余の中に福岡藩主の嗣子黒田長知、金子堅太郎、団琢磨がいた。黒田長知は英語の修学が目的だが、金子と団は学位を取得するための留学だった。金子はハーバード大学で法律を、団はマサチューセッツ工科大学で鉱山学の学位を得て帰国した。アメリカの小学校、中学校、高校、大学と都合、八年の滞在期間を要した。

金子の評伝を読むと、留学費用を負担してくれた黒田長溥、筑前人（福岡藩）の恩に報いるため懸命に勉強したことが見て取れる。さらに、自身の見聞を広めるため、アメリカの社交界にも出入りしアメリカの上流階級の人々と交際を深めていった。これは後に、日本にとって大きな後ろ盾となった。

そんな折、アメリカ建国百年の記念行事としてフィラデルフィアで博覧会が開催された。西暦では一八七六年、日本では明治九年のことだった。この博覧会には、なんでも見てやろう精神で金子、団、小村寿太郎、井沢修二らが押し掛けた。この時、井沢はグラハム・ベルが開発中の電話機に興味を示し、小村と通話実験をしたと伝わる。

その後、このベルの電話機は実用化となり、金子と井沢とが日本語での通話を試みた。日本語は母音で言葉が終ることから、ベルとしても日本語で通話が可能であれば、商業的に成功したも同然だった。

明治三十一年（一八九七）十二月、電話機によって世界的な大富豪となったベルが日本を訪問した。政府の歓迎式典において、金子は伊藤博文内閣の農商務大臣として、井沢は通訳としてベルとの再会を果たした。この時、ベルは世界で初めての電話での通話は金子と井沢とであり、日本語であったとリップサービスに努めている。

金子は伊藤博文、井上毅、伊藤巳代治らと大日本帝国憲法の草案を考えたことでも知られる。金子がハーバード大学で法律を学んだことは、憲法草案の起草にあたって有益であったことは間違いない。しかし、西洋の法律を学んだだけでは憲法は起草できない。憲法は国柄を体現するものであり、歴史、伝統、文化を理解しなければならない。この点において、金子は国学、論語などを早くから学んでいた。井上毅も古事記、日本書紀、万葉集などを読み込んだと伝わる。

慶応元年（一八六五）の「乙丑の獄」では、筑前勤皇党を大量処分した黒田長溥だったが、維新後は藩士の育成に努めた。黒田家の資産を金子や団、栗野慎一郎など、俊才の留学費用に充当したのだった。金子の自伝からは、老公（旧藩主）の恩に報いるには、欧米列強に肩を並べる憲法が必要と考えていたことが窺える。

第45話　日本海海戦と日米野球

〈人物相関図 5〉

明治三十七年（一九〇四）二月、大国ロシアと日本との戦争が始まった。この戦争の十年前、眠れる獅子と呼ばれた清国（中国）に戦勝した日本だった。しかし、さすがにロシアとの戦いに日本は勝てない。日本はロシアの植民地になると世界は見ていた。

この時、伊藤博文は金子堅太郎を呼び出し、アメリカ行きを命じた。かつて金子はアメリカのハーバード大学に留学していた。その同窓生がアメリカ大統領のルーズベルトだった。日本支持、さらに講和の仲介を言い含めた。辞退したものの、突然、皇后陛下が金子の自邸を訪ね、アメリカ行きを懇願。後年、金子はこの珍事を幾度も自慢話にしたという。

明治三十八年（一九〇五）四月、ロシアのバルチック艦隊が刻々と日本へと迫っている最中、早稲田大学野球部がアメリカへと向かった。日本中がロシアのバルチック艦隊との決戦を控えているとき、野球の試合などとはと批判を浴びた。しかし、野球部長の安部磯雄は勇躍太平洋を渡った。西海岸の大学、高校、クラブ、セミプロチームと二十六試合を戦った。

日露戦争中、金子と安部は渡米したが、双方の果たした役割はアメリカを講和の仲介にと誘い出す効果があった。金子はハーバード・クラブ（ハーバード大学の同窓会）の支援を得て日本支持の広報活動を行った。安部は、アメリカの国技ともいうべき野球で市民と親善を深め、戦争中でも日本は野球を楽しむ余裕すら持っているとアメリカ人を感心させた。

面白いことに、この金子も安部も旧福岡藩士だった。金子は福岡藩主であった黒田長溥の学費支援を受けてアメリカに留学。安倍は地元福岡の教員伝習所を経て同志社に入学。アメリカの神学校に留学した後、東京専門学校（早稲田大学）の講師なった。ここから、早稲田大学野球部長となるが、安部は「学生野球の父」として野球殿堂入りも果たした。バントなどという卑怯な手は許さないと、古武士のフェアプレイ精神も発揮した。

日露戦争については、東郷平八郎の日本海海戦、大山巌の奉天会戦、乃木希典の二百三高地、廣瀬武夫の旅順港閉塞作戦と、戦闘に関心が集まる。しかしながら、近代戦は工業力とともに外交力も戦勝に大きく左右する。精神力だけでは、戦勝できない。よしんば、負けない事が大事という事を武士の時代を経験した明治人は分かっていた。

金子は「伊藤の三羽烏」と呼ばれるほど、伊藤の側近中の側近だった。翻って、安部は公然と社会主義者として活動し、その言論はしばしば社会に波紋を広げた。水と油の関係のように見える両者だが、ロシアとの戦争終結に向けての講和では一致していた。明治時代、左右のバランス感覚が必要と考える人物がいたという証拠ではないだろうか。

特に、安部がアメリカでの野球を主張した際、反対どころか「そいはヨカ！」と賛意を示して送り出した大隈重信の肚の太さは流石としか言えない。

近代化の陰で

第46話　東郷と乃木とをつなぐ棗の樹、そして社標

〈人物相関図 19・20・21・39・42〉

東京都港区赤坂には、乃木希典、静子夫妻を祭神とする乃木神社がある。ここには乃木邸、馬屋なども保存されているが、気になるのは棗《なつめ》の樹だ。日露戦争での旅順攻略後、ロシアのステッセル将軍と乃木は会談したが、その場にあった棗の樹だ。佐佐木信綱作詞、岡野貞一作曲「水師営の会見」という歌でご存じの方は多いと思う。

この棗の樹だが、福岡県福津市の東郷神社の境内にも植えられている。東郷神社といえば、薩摩出身の東郷平八郎元帥を祭神とする社だが、なぜ、長州出身の乃木に関係する棗の樹があるのかと不思議に思われるかもしれない。

幕末、「薩會」といって、長州は薩摩、會津を憎んでいた。しかし、日本を取り巻く欧米勢

力に対抗するため、薩摩と長州とが手を結んだ。しかしながら、明治時代でも海の薩摩、陸の長州と、薩長は対立関係だった。このことは、乃木の妻静子が薩摩出身ということで長州出身者だけの宴会で「帰薩（薩摩に寝返った）」と乃木が揶揄され、力で勝負をつけようと息巻いたエピソードがある。乃木としては先祖の名誉にかかわる事だったたからだ。

これは、東郷平八郎を軸に系図を遡ると乃木の氏祖に行きつく。簡単にいえば、東郷家の系図に乃木家があり、東郷、乃木の両家は遠祖を同じにするというものだった。

明治四十四年（一九一一）四月、東郷、乃木の両雄は、イギリスのジョージ五世の戴冠式に出席することになった。この時、東郷は六十四歳、乃木六十二歳である。イギリスまでの長い航海中、昼間は烏鷺（囲碁）を戦わせ、夜間は読書に耽るという日々だった。乃木は東郷を先輩として接し、東郷は乃木を気遣うという風だった。

明治二十八年（一八九四）、日清戦争に戦勝したものの、ロシア、フランス、ドイツによる「三国干渉」により割譲された遼東半島を清国に返還。ロシアはただちに、旅順、大連を基点に満洲の植民地化を進めた。これに、近衛篤麿を会長とする対露同志会が早期のロシアとの戦争を政府に要望。玄洋社の平岡浩太郎、頭山満、内田良平らも国民運動を展開した。

その日露戦争も、旅順攻略では多大な兵員を失い、乃木は愚将とまで揶揄された。反して、日本海海戦に勝利した東郷は聖将と称えられた。乃木も東郷も、互いに語りたいことは山ほど

乃木神社の東郷平八郎手跡の社標

あったに違いない。

大正元年（一九一二）九月十三日、乃木夫妻は自決した。すでに、東郷は乃木の自決を見抜いていたという。しかし、東郷には止める気すらなかったろう。

乃木神社には、東郷手跡の社標がある。玉垣ほどの大きさのため、多くの方は、その存在に気づかない。しかし、乃木に対する東郷の深い慈悲を感じてならない。ともに日清、日露の戦役を戦った一門の誇りの象徴ではないだろうか。

第47話　オッペケペーの川上音二郎はスパイだったのか

〈人物相関図　35・39〉

今では気軽に海外旅行ができる時代になった。しかし、幕末、明治の頃、海外渡航は命懸け。

音二郎一座の招魂碑　泉岳寺

一旦、母国を出れば生きて帰国できる保証はない。泉岳寺（東京都港区）を訪れた時、そんな時代の苦労を忍ばせる川上音二郎一座の招魂碑を目にした。海外公演で亡くなった四人の座員を慰霊するものだ。

　川上は自由民権運動を啓蒙する壮士芝居で、はやし言葉の「オッペケペー」を流行させ、一躍、時の人となった。移ろいやすい庶民の「空気」を読むのが上手く、何かと話題を提供し人気を集めた。その一つが海外公演だった。明治三十二年（一八九九）、第一次欧米巡業に出かけた音二郎だったが、売上金を持ち逃げされたり、座員が病没したり、本人も盲腸で寝込んだりと、散々な旅公演だった。

　しかし、翌年に開かれたパリ万博ではフランス政府から勲章までいただく。恋女房で女優の貞奴の人気は絶大だったが、この陰には、フランス公使で同郷（福岡）の栗野慎一郎の働きがあった。この勲章授与は、ヨーロッパどころか、日本にも報道され、明治三十四年（一九〇一）一月、神戸着の船で帰国した音二郎は大歓声に迎えられた。

しかし、三か月後には、再び欧州巡業へと出発してしまった。この頃の日本は、満洲でのロシアとの対立が際立ち、戦争か、協調か、水面下での交渉が続けられていた。日本への注目を高め、外交に一役買うことを目的に音二郎一座は海外公演に出たのだ。パリ公演では、伊藤博文が川上一座を観劇している。

栗野慎一郎がロシア公使として着任し、明治三十五年（一九〇二）一月には、ロシアとの戦争に備える日英同盟が締結された。それでいて、川上一座は「田舎のパリ」と称されるロシアの首都ペテルブルグで公演を行った。フランス政府から勲章を受けた川上一座を宮殿に招かなければロシア皇帝は欧州の笑いものになる。極東の「猿」と日本人を蔑視し、公使の栗野すら相手にしなかった皇帝ニコライ二世は、わざわざ、金時計を川上に下賜するほどだった。

栗野がロシア公使として着任すると、駐在武官明石元二郎が赴任した。明石も栗野も川上も同郷。ペテルブルグでは日本語ならぬ博多弁で話しても、容易にロシア人には通じない。宮殿での様子、要人の人相、雰囲気など諜報のプロ明石には、有益だったことだろう。

日英同盟締結後、ロシア公演で皇帝の招きを受けるのだから、川上も自身に課せられた役目は了解の上に違いない。日英同盟は小村寿太郎外相、山座円次郎政務局長が交渉の前面にたっていたが、その山座も栗野や明石、川上とは同郷。日露戦争前、満洲、シベリアでのロシア情勢調査に出向いた黒龍会の内田良平も川上らとは同郷である。

第48話　一九一二年（明治四十五）のオリンピック

〈人物相関図　19・39〉

二〇二〇年（令和二）、東京で第三十二回のオリンピックが開催となる。東京での開催は二度目であり、前回の第十八回大会は一九六四年（昭和三十九）だった。日本がこの近代オリンピックに初めて参加したのは、一九一二年（明治四十五）の第五回ストックホルム大会から。この大会には金栗四三、三島弥彦が参加し、団長は嘉納治五郎が努めた。

嘉納といえば講道館柔道の創始者として知られるが、玄洋社とは切っても切れない縁がある。九州で初の講道館柔道を伝えたのは内田良平だが、今もその事を記す「天真館碑」が福岡市中央区渡辺通りに遺っている。廣田弘毅も講道館の役員として名前が遺っており、昭和三年（一九二八）の第九回アムステルダム大会では、嘉納と廣田（オランダ公使）とが記念写真に納まっている。

もともと、近代オリンピックはフランスのクーベルタン男爵の提唱で始まったが、自国の青年貴族の敢闘精神、体力増進が目的だった。一八九六年（明治二十九）、第一回大会は古代オリンピック発祥の地ギリシャのアテネで開催されたが、この頃の日本はオリンピックどころではなかった。日清戦争が終わり、ロシア、フランス、ドイツの三国干渉、台湾統治など、目前の外交問題を処理しなければならなかったからだ。

一九〇九年（明治四十二）、嘉納がＩＯＣ委員に選出された。この頃の日本はアジア極東地域での地位を確立しようとしていた。この点に着目したのが、欧米諸国だった。アジアの植民統治に日本の軍事力をと考えていたからだが、そのために日本を欧米列強の一員として迎えるという策がとられた。

その嘉納は本来、教育者だった。学校の教員を養成する高等師範学校校長の経歴もあり、学校体育の推進者でもあった。欧米に派遣された実績もあり、これほど適任の人物はいない。「国民体育の隆盛によって日本人をオリンピックという世界舞台に立たせたい」という願望とともに、嘉納はアジアの興隆も考えていた。

日清戦争後、嘉納は清国（中国）からの留学生を受け容れ、教育を通じてアジアの再興を考えていた。留学生の中には講道館柔道に入門する者もいて、作家の魯迅もその一人だった。今も、東京の講道館資料室に魯迅の入門申請書が遺されている。

一九三六年（昭和十一）、ＩＯＣ総会でオリンピックの東京開催が決定した。嘉納の熱意が開催を勝ち取ったのだった。しかし、一九三八年（昭和十三）、ＩＯＣ総会からの帰国途上、船中で嘉納は急逝。

その後、日本と支那（中国）との紛争が長引き、オリンピックの開催権を返上。嘉納の夢は、一九六四年（昭和三十九）まで持ち越されたのだった。

第49話　漱石と久作の文明批評

〈人物相関図 22〉

文豪と呼ばれる夏目漱石は慶応三年（一八六七）、江戸（東京）に生まれた。漱石自身、明治のご維新（漱石は「ごいっしん」と発音している）の前年に生まれたことから、新しい時代の申し子を自認している。その漱石は当時の日本の最高学府を経て、英語教師となり、さらには文部省からイギリスのロンドンへの留学を求められた。いわば、新時代の頂点に位置する人である。

その漱石の講演録、日記などを読むと、辛辣な文明批評が綴られている。近代化を成し遂げた日本及び日本人が何を得て、何を失ったかを気づかせてくれる。なかでも、漱石が「先生」

と呼称するマードックは日本や日本人に大変な興味を抱いた。開国後、わずか半世紀にして日本は二十世紀の西洋と比較できるまでに成長したからだ。この日本の成長を、「いかにして」「なぜ」という疑問で解消するため、日本の歴史を読み解き、日本語、漢字を学ぶマードック先生に漱石は尊敬の眼差しを向ける。

翻って、日本で「紳士」と呼ばれる階層に対して、徳育、体育、美育が大きく欠如していると漱石は叱咤する。これは、知育、知識教育だけに満足し、それだけで日本の社会が構成されていることへの警鐘と受け止めてよい。近代国家日本と言いながら、空虚な権威と金銭だけで物事が解決できる社会になっていると指摘する。

この漱石と並び称される文明批評家としては、夢野久作がいる。久作は明治二十二年（一八八九）、福岡に生まれた。漱石と久作は生まれた場所も年齢も異なる。しかし、久作の著作には、漱石を文豪と称する言葉がある。漱石の親友である中村是公の名前も登場する。明治四十五年（一九一二）夏、漱石の日記には久作の父・杉山茂丸の別荘を訪ねたと記されている。この頃、久作は茂丸の側にいた。もしかしたら、この二人は挨拶ぐらいは交わしたかもしれない。

大正十二年（一九二三）九月一日、関東大震災が発生。「九州日報」の記者をしていた久作は茂丸や兄弟の安否確認で急ぎ上京する。その惨状、そして、その震災一年後の東京の様子をスケッチし、社会の変貌ぶりを記録した。その内容は『東京人の堕落時代』として発表されたが、まさに、漱石が指摘した徳育、体育、美育の欠如した亡霊のごとき人々の群れだった。漱石は大正五年（一九一六）に病没するが、存命であれば魂の抜け殻となった首都東京に対して、どんな批評を遺しただろうか。

久作は東京を「数字とお金とで動かせる死んだ魂の市場」と批判し、「日本の生命は首都には無くて、地方に在る」と断言した。日本に欠如するものを漱石は指摘し、日本が喪った文明は地方にこそ遺っていると見抜いた久作だった。

Ⅲ　大正は明治の精神を生かしたか

〈人物相関図 2・25・30・31・32〉

第50話　乃木希典の自決

明治四十五年（一九一二）七月三十日、明治天皇が崩御。その明治天皇の大葬が執り行われた九月十三日の夜、乃木希典、静子夫妻は自邸で自決して果てた。大葬の報道で混雑していた最中、飛び込んできた乃木夫妻自決のニュースに新聞各社は大混乱に陥った。

乃木神社（東京都港区）に展示されている遺書を読むと、西南戦争で軍旗を奪われたことに対する謝罪があった。西郷隆盛の薩軍には旧福岡藩士、熊本の佐々友房、宮崎（弥蔵、民蔵、滔天）兄弟の長兄八郎らが呼応した。苦戦を強いられた戦闘の中で奪われた軍旗だが、西洋近代化によってモラルが緩み始めた日本人に乃木の自決は大きな衝撃を与えた。

乃木夫妻の墓所は東京の青山墓地にある。日露戦争で戦死した二人の子息の墓も同じ場所に

乃木神社　元は乃木希典の自邸

あるが、乃木夫妻が自決して一週間余、昼夜を問わず墓参の市民で溢れたと新聞は報じる。その墓参の市民は市電の通交を妨げ、商魂たくましい者は墓所に続く道端で乃木将軍に関する写真や絵ハガキ、自決当時の新聞までをも売っていたという。

この混雑は青山墓地だけでなく、乃木の自邸（現在の乃木神社）も同じだった。皇族を始め陸海軍の将官、将兵に加え、老若男女、教師に引率された子供までもが訪れた。弔電も一千通を超え、日露戦争二百三高地の激戦を知る人々は、乃木将軍を英雄とみていた。ゆえに、殉死にも等しい乃木夫妻の自決は、日本人の崇敬を集めることとなった。

乃木は複数の遺書を遺していた。その中で、当時、陸軍少将であった田中義一あての遺書だけは封書の裏書に「軍事参議官乃木希典」と記されていた。田中自身も、自身に対する遺書があることを自慢げに語っている。それほど、乃木と田中は親しかった。長州出身の陸軍軍人というだけでなく、朴訥な田中の性格を乃木が好んだからのようだ。

自決前、乃木夫妻は、時間を見つけては縁者の家を訪問していた。覚悟の自決であったことがうかがい知れる。しかし、田中義一だけは自邸に招き、食事を共にしている。その際に出されたのが、酒が一本と蕎麦が一膳だけだった。自邸に招いておきながら、あまりの簡素な食事に田中は立腹したと伝わる。俺も将官だ、見習士官じゃないぞと。

後日、田中は自身が武士としての心得が無かったことを恥じた。自決を覚悟した武士は、切腹するにあたり、腹を綺麗にするため蕎麦しか口にしないという。このことを田中は知らず、実に無教養な下級武士の出であると嘆いた。

明治時代、国民皆兵、西洋近代の軍隊となった。日清、日露という大国との戦いにも勝利した日本だった。しかし、乃木は武士の心得は忘れていなかった。

乃木は、先々、田中が軍人から政治家に転じると読んでいたのかもしれない。為政者は、いつでも腹を切る覚悟で臨め。乃木は、田中にそう伝えたかったのではないか。

第51話　江藤新平とアジア主義

〈人物相関図　2・3・19・20〉

明治七年（一八七四）二月、江藤新平、島義勇《しまよしたけ》らの決起によって「佐賀の乱」が起きた。征韓論に敗れた江藤新平の政府に対する不満からといわれる。同じく征韓論に敗れた西郷隆盛の「西南戦争」勃発の状況と類似していることから、「佐賀の乱」も同列に扱われる。中央集権国家を目指す大久保利通との意見対立から江藤は鎮圧された。近代国家を目指す日本でありながら、大久保は斬首した江藤の首を晒すという非近代的な厳罰で臨んだ。

西郷隆盛も政府軍に追い詰められ自決。これによって、不平武士の反乱は終結した。しかし、この西南戦争後、西郷精神を継承するとして筑前福岡では玄洋社が創立された。西郷と同じ征韓論で下野した板垣退助も自由民権運動を鼓舞し、玄洋社は土佐と連動していった。さらに、全国の自由民権運動活動家らはアジアへと活動の領域を拡大し、連携を進めていった。この自由民権運動からアジアの連携、再興を図る運動が沸き上がり、その人々をアジア主義者と呼ぶようになった。

このアジア主義者の系譜の中に、江藤新平の次男・江藤新作、江藤新平の孫である江藤夏雄がいることに随分と驚いた。征韓論は新政府への不満という西郷の行動を考えると、江藤新平もアジア主義者の源流の一人ではないだろうか。

江藤の次男である新作は行動的アジア主義者として、玄洋社の平岡浩太郎などとの交際を求めた。新作は欧米列強の侵略に対処できず、政治改革が進まない清国を改革する「東亜会」に参画。機関紙の発刊を任され、日本に亡命してきた清国人革命家らの世話もしていた。

江藤の孫である夏雄も行動的アジア主義者として知られる。熊本の第五高等学校に進学し、ここで大川周明の思想の影響を受けた。その大川自身が熊本五高に進学したのも西郷隆盛、横井小楠の思想に傾倒したからだった。わざわざ、故郷の山形県酒田市から熊本にやってきたのも、西郷、横井の故地九州に行きたいという願望からだった。その大川の薫陶を受けた江藤夏雄だった。

現代の歴史書では、西郷隆盛、板垣退助、江藤新平らは征韓論に敗れて下野したと記される。しかし、これは、政権維持のための為政者の方便であって、実際の理由は他にあるのではないかと考える。「歴史は勝者によって作られる」ということを前提に考えれば、征韓論、新政府に対する不満は何だったのかを再検証する必要がある。中でも、江藤新平は長州閥の不透明な金の追及を行ったことが、政権からの放逐理由といわれるからだ。

蛇足ながら、大東亜戦争後、ＧＨＱによって解散命令を受けた玄洋社も朝鮮半島、大陸を侵略する日本の軍部の先兵と言われる。しかし、欧米のアジア侵略の歴史を糊塗するために、玄洋社を侵略者と決めつけているだけと確信する。

第52話　西郷が熱望したハム・ソーセージのレシピ

〈人物相関図　2〉

大正三年（一九一四）八月、日本はドイツに宣戦布告をした。欧州で始まった第一次世界大戦だが、日英同盟下ということから地中海に艦隊を派遣し、中国大陸青島のドイツ軍要塞を攻撃した。結果、日本は戦勝国となり、ドイツ軍将兵は日本各地の捕虜収容所に送られた。

その捕虜収容所での待遇やエピソードは、映画『バルトの楽園』で有名だ。舞台となったのは、徳島県板東収容所。当初、全国にあった十二か所の収容所は統合され、千葉、名古屋、久留米（福岡）、似ノ島（広島）、青野ヶ原（兵庫県）、板東（徳島）の六ケ所に四六二六名が分散して収容された。映画は、その中の板東（徳島）での出来事だ。

映画の主人公である松江豊久大佐だが、もとは會津武士。戊辰戦争では敗者、官軍から賊軍と卑下された人である。この時の屈辱は、今も旧會津藩関係者の心の中に刻み込まれている。それだけに、敗者の気持ちは十二分に理解できる。松江大佐のドイツ軍捕虜に対する処遇は寛大で、武士道精神の鑑といわれた。

ドイツ兵捕虜といっても、その多くは招集兵であり、生粋の軍人は一握りでしかなかった。商社マンもいれば職人もいる。そこで、捕虜たちは得意分野を生かし、チーズやバター、パンやケーキ、ハムやソーセージを作って故国の味を偲んだ。簡単な新聞様の機関紙も発行して自治的な生活を送っていたが、福岡の収容所では満洲に脱走したドイツ軍士官もいた。これには「敵ながら、あっぱれ」と称賛の声が挙がったという。戦争とはいえ、実に、のどかな時代だった。

このドイツ軍捕虜収容所では板東が有名だが、もう一つ、千葉の収容所も評判だった。この千葉の所長は、あの西郷隆盛の嫡男西郷寅太郎だった。寅太郎は西南戦争時、幼年であったことから戦闘には参加していない。しかし、政府軍に弓引いた薩軍首領の子として賊軍の汚名を

福岡陸軍墓地のドイツ兵墓

着せられ、西南戦争後の世間は冷酷だった。

後に、明治天皇の配慮で寅太郎はドイツの陸軍士官学校に入学。ドイツ陸軍少尉に任官した。日清戦争勃発とともに帰国し、そのまま日本陸軍少尉になった。このドイツ留学の経歴から、寅太郎が捕虜収容所の所長に着任するのは自然の流れだろう。捕虜の信任も篤く、賊軍の子としての屈辱を味わったことから敗者の気持ちも理解できた。捕虜に対し、武士道精神を発揮し、西郷南洲の再来とも評された寅太郎だった。

千葉の捕虜たちも収容所内で食品類の製造をしていた。なかでも、ハムやソーセージは絶品と称賛されていた。そこで、本場ドイツの味を知る寅太郎は、ドイツ兵捕虜に製造法を伝授して欲しいと懇願したが、頑なに拒否。しかし、寅太郎の度重なる懇願に負け、捕虜たちはレシピを遺して帰国していった。これが地元に伝わり、今も市民に親しまれている。

第53話　右翼の巨頭は甘い物好き

〈人物相関図　6・9・15・19・21〉

頭山満は「右翼の源流」「右翼の巨頭」「玄洋社の総帥」という冠が付く。いずれにしても野にありながら、日本の政財界に睨みを利かせる存在であったのは確か。豪傑とも呼ばれたことから、浴びるが如く酒を飲む印象がある。

しかし、頭山は酒を好まない。飲めと言われれば飲めるのだろうが、むしろ、饅頭などの甘い物を好む。ある初対面の人で、頭山邸で真っ赤なイチゴシロップの氷水（かき氷）が出され、頭山が美味そうにスプーンを運ぶ姿に驚愕したという。玄洋社といえば荒くれ者の集まり、一旦事が起きれば命を省みずに行動する集団という先入観が流布しているからではないか。

今でも、太宰府天満宮を参詣すると、頭山満や玄洋社の話を耳にする。頭山は相談事がある

太宰府天満宮参道の小野東風軒　小野隆助の系譜が営む店

と太宰府天満宮に居を構える小野隆助のもとを訪ねていた。小野隆助とは、福岡県官吏、衆議院議員、香川県知事を歴任した玄洋社員だが、頭山は密かに「筑前西郷」と呼んでいた。小野は、元治元年（一八六四）の「禁門の変」で決起、自決した久留米水天宮宮司・真木和泉の甥になる。真木の薫陶を受け、勤皇の志士としても活動した人だった。三條実美と近い関係にあったことから、小野の父は福岡藩の陳情に引っ張り出されたともいう。頭山が小野隆助を訪ねたのも、政府への相談事ではなかったかと推察する。

　太宰府を訪ねた頭山への一番のおもてなしは「梅が枝餅」だった。宴席でも餅菓子をつまむという頭山だけに、焼きたての梅が枝餅には目が無かったはずだ。小野邸から梅が枝餅の注文が入ると、「頭山先生が来とらっしゃる」と周囲はざわついたという。

太宰府天満宮は維新の策源地と呼ばれる。頭山としても諸国の志士たちが往来した地で維新を偲ぶことは、感慨を新たにする場所でもある。ましてや、頭山の名前の「満」は天満宮からとったと伝わる。崇敬する菅原道真に起源がある梅が枝餅を通して、道真公の尊皇の気持ちに浸ったのかもしれない。

また、頭山の近親者には武術を継承する人が多い。武士は平常から、油断やスキのない事を心がける。飲酒の度が過ぎて判断を誤り、窮地に陥るとなれば武士の恥。頭山は平常から、危機に備えていたのかもしれない。

武士は、茶を出されても最後の一口は残す。刀を抜く余裕の無い時、飲み残しの茶を相手の顔にぶちまけるためだ。大物、豪傑と評される頭山だが、身の危険を感じる兆候はあったのだろう。表ざたにはなってはいないが、頭山の影武者を買って出た人もいたという。

菓子には茶がつきもの。頭山の甘いもの好きは危機管理なのか、純粋に「梅が枝餅」が好きだったのかは、わからない。

第54話　カリーは恋と革命の味

〈人物相関図　19・21〉

福岡に中村学園という学校法人がある。調理師の専門学校までを備えるが、この学園を創立したのは中村ハルという女性だ。この方、女傑と評してよいかもしれない。

この中村学園の名物は「ハルさんカレー」。中村ハルが直々にインド人のラス・ビハリ・ボースから教えてもらったものだ。ラス・ビハリ・ボースとは、「中村屋のボース」とも呼ばれ、東京新宿の中村屋に婿入りし、インド貴族が食べるインド・カリーを店の名物にしたことでも知られる。その「中村屋のボース」直伝のカリーを伝授された中村ハルだが、そこには玄洋社の頭山満の存在があった。

中村ハルは明治十七年（一八八四）、西新（福岡市早良区）に誕生した。幼少の頃から頭脳明晰で、学齢より早く小学校に入学。年齢を誤魔化して師範学校に入学するほどの才女だった。大正十年（一九二一）頃、横浜の小学校で家庭科の先生を務めていた。この時、東京新宿の中村屋のカリーが美味いとの評判を耳にし、是非、その作り方を知りたいと願った。しかし、そう簡単に教えてくれるはずもない。

「中村屋のボース」ことラス・ビハリ・ボースは大正四年（一九一五）四月、日本に逃れ来た。当時のインドはイギリスの植民地として圧政に苦しんでいた。どうしても独立を果たしたいと願いながら、イギリスの官憲から追われる身になり、日本へ逃亡。当時の日本はイギリスと同盟を結んでおり、ボースが日本に滞在することは難しかった。そのボースを救ったのが、頭山満をはじめとする玄洋社の人々だった。

そこで、ボースの命の恩人である頭山満に中村ハルは頼み込んだ。命の恩人、尊敬する頭山の紹介であればボースも断れない。直々に、ボースは中村ハルに、インド・カリーの作り方を教えたのだった。それが、今も福岡の中村学園に伝わる「ハルさんカレー」である。

ボースが「中村屋のボース」と呼ばれる所以は、中村屋の一人娘とボースが結婚したからだった。中村屋に匿われているとき、二人は恋に落ち、結婚。ボースは日本国籍を得て、日本でインドの独立活動を続けた。しかし、ボースはインドの独立を見ることなく昭和二十年（一九四五）一月に病没。頭山も、その前年に亡くなった。

現在も、新宿中村屋のカリーは評判だが、ボースの結婚、インドの独立が関係していることから「恋と革命の味」とも呼ばれる。

中村ハルは、この「恋と革命の味」を日本人用にアレンジしたレシピを遺していた。ある時、この味を再現してみようとなったが、ある食材だけが、どうしても入手できない。方々手を尽くして集めたが、なんとそれは、日本の食肉業者であれば廃棄してしまう鶏の腸だった。これには、声を失った。

第55話　西洋近代の本質を見抜いた久作

〈人物相関図 10〉

大正十二年（一九二三）九月一日、関東大震災が発生。首都東京、周辺都市も含め、大混乱に陥った。交通機関や新聞も停止し、ようやく発行された新聞はガリ版刷りだった。大混乱の最中、憶測情報が真実味を増し、予測もつかない暴動に発展した。その大震災の一報が遠く九州福岡に届いた時、夢野久作こと杉山直樹は病気加療中だった。しかし、号外を手にするや、久作はただちに上京の準備に取り掛かった。

この大震災の翌年、久作は東京の取材に出かける。震災で壊滅した首都東京の復興ぶりを確認したかったのだが、そこで目にしたものは想像を絶する人間の廃墟だった。久作の大正年間の日記は、大正元年、大正十三年がわずかに遺るだけ。故に、震災後の東京を取材した『東京人の堕落時代』が大正時代の久作を知りうる唯一の手段と言ってよい。

震災後の東京で、久作を驚かせたのはライスカレー一皿で肉体の要求に応じる女性たちが多数いたことだった。当時の十銭という値のライスカレーだが、この一皿の価値で、自らの身体を「売る」女性がいることに驚く。上下はあるにしても、そのライスカレーは玄米飯にジャガイモ、玉ねぎの入った、ただルーをかけただけのもの。震災直後の東京人は、食欲と同時に性欲にも飢え、乾いていた。

さらに、そんな人間の獣性を正当化するように標語ポスターが震災後の東京にぶら下がる。「必要の前に善悪無し」。都市住民の上中下に関係なく、互いが互いの人間階級を騙しあい、さらに、上級は中級を、中級は下級に対し、個人の自由の名の下に金銭でやりたい放題をやり散らかしている。幕末、平野國臣が呪った金銭が無ければ物事の道理が通用しない江戸の街の再現だった。

人間は、想像を絶する環境、危機において、初めてその人間性が判明するといわれる。明治から大正にかけ、欧米流の資本主義が流入した日本だった。しかし、科学によって成立した近代化が、大震災によって化けの皮がはがれたのだった。科学では、到底追いつけない自然災害の前に、上中下の階級に関わらず、都市住民は獣に成り下がるしかなかった。

近代化は人間を幸せにすることができたのか。久作の問答は果てしなく続き、田舎こそが、人間本来の居住すべき場所であると確信した。自然災害や獣の襲撃に、人は共同体に属すこと、知恵で対処する術を覚えた。ところが、欲望を満たすために、文明に晒されていない民から略奪をする。それが、西洋がもたらした近代ではなかったかと久作は問うのだった。

〈無残なる大東京の焼けあとにやっぱり月は一つしか出ず〉

大正十三年（一九二四）一月十三日の日記に、久作は象徴的な歌を記していた。

近代化とは何なのか。近代化は、本当に人を幸せにしたのだろうか。

第56話　寺田寅彦の考える近代と天災

〈人物相関図　2・3・21〉

関東大震災を発生直後から冷静に状況観察していた人物がいる。それが、「天災は忘れた頃に来る」との著名な言葉を遺した寺田寅彦だ。その寺田の、震災発生前の大正十二年（一九二三）八月二十四日の日記には、子供たちと植物採集を楽しんだことが記されている。しかし、その数日後には珍しい電光、赤い月が出て、深い朝霧に包まれたとの記述がある。大地震の前兆だったのかもしれない。

寺田は物理学者だが、熊本の第五高等学校に進学したことから夏目漱石との親交を深めた。英語教師とその生徒の関係だが、漱石からは個人的に俳句を学んでいる。かつて、漱石が正岡子規と俳句の添削を交わしたように、漱石が寺田の俳句に丸、二重丸を付して返信したという。

寺田の師である漱石は大正五年（一九一六）に亡くなったので関東大震災を体験していない。故に、夢野久作のような震災後の人心の荒廃ぶりを漱石の批評で読む事はできない。しかし、漱石の弟子であり、物理学者の寺田が書き遺した日記、随筆から、西洋近代を推し進めながらも化けの皮がはがれた日本の姿を見ることができる。特に、人間というものの本質を見ることができる。

「戦争はぜひとも避けようと思えば人間の力で避けられなくはないであろうが、天災ばかりは科学者の力でもその襲来を中止させるわけには行かない」と述べ、国防も大事だが、天災に備えることを為政者は考えるべきだと諫言する。

また、「日本人を日本人にしたのは実は学校でも文部省でもなくて、神代から今日まで根気よく続けられて来たこの災難教育であったかもしれない。」と西洋の近代化に奔走した人々の耳に痛い言葉を遺している。

何やら、漱石先生も同じ言葉を小説に書きだしそうだが、漱石作品の理学者の水島寒月、物理学者の野々宮宗八は寺田をモデルにしているという。漱石作品が優れた文明批評といわれる由縁は、こういった寺田との問答の精華ではないかと考える。

この漱石、寺田との交友関係を見ていくとき、漱石の生涯の師である杉浦重剛と頭山満との交際を思い出す。方やイギリス留学も果たした化学者の杉浦、方や右翼の巨頭と畏怖される頭山。この杉浦、頭山という水と油のような両雄が、実に淡白にして深い交際を続けていたからだった。それはまるで、理詰めで物事を理解する横井小楠、肚一つで物事を決する西郷隆盛のような関係だった。

寺田には「神話と地球物理学」という随筆もある。人間関係にもいえるが、科学と伝統との調和があってこその近代化ではとの警告に聞こえる。

第57話　アインシュタインとタゴールの願いとは

〈人物相関図　19・37〉

大正十一年（一九二二）十二月二十四日、相対性理論で知られるアインシュタインが博多駅に降り立った。駅頭はこの世界的著名人を一目見ようと、多くの市民が駆けつけた。

「物理学者以外の一般の人々がこのように歓迎してくれる理由がよく分かりません」

アインシュタインはこう述べたという。

しかし、「福岡日日新聞」には日本におけるアインシュタイン最後の講演と広告が掲載されたことから関心が高まった。会場の大博劇場は九州一円、広島、山口からの来場者で埋め尽くされた。ドイツ語通訳は、理学博士・石原純だった。

このアインシュタイン来日の記念の板碑を福岡県立修猷館高校記念館で目にした。アイン

アインシュタインのサインがある板碑
修猷記念館

シュタイン（Albert Einstein）のイニシャルであるＡＥが中央にあり、その左右に通訳を務めた石原純の短歌が彫り込まれていた。石原純はアララギ派の歌人としても知られる。

〈大いなる相対論の創始者の髭ややしろし冬の陽あかく〉純

アインシュタインの講演会は大盛況のうちに終わり、この日の宿泊先は旅館の栄屋だった。アインシュタインのたっての希望で選ばれた日本情緒を遺す旅館だが、栄屋は現在の福岡市中央区天神の日本銀行福岡支店近くにあった。当時は橋口町という地名だが、古地図を見ると勝立寺（明石元二郎の墓所）の近くであったことがわかる。アインシュタインは日本趣味を楽しんだが、紙の引き戸（障子や襖）が指一本で軽く開け閉めできることに感心している。さらに、翌日の朝食は日本人と同じであり、とくに味噌汁が気に入ったという。

残念ながら、この栄屋旅館は失火により焼失。その後再建され、インドの詩人タゴールが宿泊した。タゴールとは、アジア初のノーベル文学賞を受賞した人だが、長崎を経て福岡を訪問し、インドの教育事情などについて話をしたという。大正十三年（一九二四）六月一日のことだった。

この栄屋旅館に世界的著名人が宿泊した頃、平穏な時代のように思える。しかしながら、ユダヤ系のアインシュタインにとって、ユダヤ人排斥の最中であり、無事にドイツに帰国できる保証は無かった。アインシュタインの訪日は、安住の地としての日本を確認する旅行ではなかっただろうか。

中華民国建国に至った中国革命の熱情はインドに波及し、ガンジーの国民運動は高まりを見せた。タゴールの訪問は、孫文を支援した玄洋社の人々にインド独立の支援を求める訪日ではなかっただろうか。

アインシュタインも、インドのタゴールも、一縷の望みを胸に秘めての福岡訪問だったのではないだろうか。

第58話　教会と原敬の関係から見えるフランスの陰

〈人物相関図　19・24・25〉

プロ野球ソフトバンク・ホークスの優勝パレードの際、福岡市中央区の大名町カトリック教会から祝福の鐘の音が降り注ぐ。教会前は大きくＳ字にカーブしている。自然、パレードの進みは緩やかになり、鐘の音はことさら長く響き渡る。

この教会がある周辺は、かつて福岡藩の重臣たちの邸があった。陸軍大将・台湾総督を務めた明石元二郎の生家も教会の斜め前にあった。城下町の道路はどこも大きくカーブし、路地は鉤型であり、迷路のよう。敵の侵攻を防ぐための工夫だが、都市計画においては、逆にこれが邪魔をした。

明治二十八年（一八九五）に建てられた大名町カトリック教会だが、明治四十三年（一九一〇）、大名町カトリック教会は立ち退きを迫られた。Ｓ字カーブを直線にし、路面電車を通すためであった。個人住宅ならいざ知らず、赤レンガの教会立ち退きは容易でない。

現在の大名町カトリック教会

立ち退きを迫られた教会のベレール神父は東京の総代を務めるエブラール神父に報告をした。エブラールは直ちに、第二次西園寺公望内閣の内務大臣原敬に助けを求めた。明治時代、内相の権力は絶大だった。

原敬の一声で、教会の立ち退きは無くなり、路面電車はカーブに沿って走ることになった。これが、現在も現地に遺るカーブだ。

東京駅で暗殺された原敬だが、意外なことにクリスチャンである。明治六年（一八七三）、原は横浜のエブラールの自宅に居候していた。漢書をエブラールに教える傍ら、天主教（キリスト教）をエブラールから教授されるという関係だった。およそ三年、エブラールの布教にも同伴し、教義を理解した原は洗礼を受けた。

明治時代、旧幕府側の武士たちでキリスト教に帰依した人は多い。幕藩体制から薩長藩閥政府となり、体制が大きく変化しただけでなく、賊軍扱いをされた不満がくすぶっていた。その逃避先がキリスト教だった。「汝の敵を愛せよ」という言葉に救われた旧幕関係者は多い。その一人が原敬だった。

かくいう玄洋社の前身である向陽義塾の隣には、キリスト教の講義所があった。明治十年（一八七七）の西南戦争に呼応した旧福岡藩士らが獄に投じられ、その慰問に訪れた宣教師の世話になったことへの感謝の気持ちだった。しかし、熊本の佐々友房が率いる紫溟会との提携を優先させたことから、キリスト教の講義所とは疎遠になった感がある。

今も現地に遺るカーブだが、その昔は「原敬のＳ」とも「ベレールさんの曲がり角」とも呼ばれ、旧町名の「萬町」から「萬町カーブ」とも呼ばれた。

普段、何気なく通り過ぎる町の一角だが、維新にまつわる旧幕府と新政府、そして、自由民権運動との軋轢が地形に遺っているというのも面白い。

第59話　孫文の演説からアジアの玄関口を意識する

〈人物相関図　37〉

時折、福岡を訪れた中国人観光客の案内を頼まれることがある。その際、コースの最初は福岡県公会堂迎賓館（福岡市中央区西中洲）にしている。

ここは明治四十三年（一九一〇）に第十三回九州沖縄八県連合博覧会開催記念で建てられた公会堂の貴賓館だ。明治時代の木造洋館建築物であり、国の重要文化財にも指定されている。内部を見学すると当時の洋館の趣を感じる事ができ、照明器具や暖炉、家具調度品、バスルームもあり、来館者は貴重な文化財という認識で見ている。

しかし、中国人観光客を案内する際、大正二年（一九一三）、孫文が福岡を訪問した折の「福岡日日新聞」の記事コピー・ファイルを持参する。写りは悪いが、A三サイズの新聞コピー見出しから、孫文の来日が大きく扱われているのがわかる。その記事を見て、中国人観光客は興奮し、断りも無く、携帯電話のカメラで必死にシャッターを切っている。本当に、ここで、孫文が演説をした事。その同じ場所に自身も立っている事。その感激を何度も何度も口にする。自分の国の建国の歴史を知った喜びは満面の笑みから窺える。

今は取り壊されて無くなっているが、この迎賓館とつながって公会堂があった。その公会堂で孫文は演説をし、新聞にも全文が掲載された。

「最近に於ける吾国の大事業たる革命に際しても、最も多大の援助力を貴国の人士殊に九州の人士に仰ぎたりき……」

中国革命、いわゆる満洲族政権の清国から、漢民族の中華民国建国において、もっとも助力してくれたのは日本であり、なかでも、九州の人たちの援助は大きいと孫文は語った。孫文の秘書を務めた戴天仇（傳賢）は日本留学の経験があり、見事な通訳ぶりを発揮した。

新聞記事の内容を解説すると、「なぜ、日本は、こんな大事な場所、話を教えてくれないのか」、「なぜ、この迎賓館の前に案内の看板を立てないのか」と、中国人観光客は不満を口にする。アジア史を専門にする日本人研究者からは、「アジアの玄関口福岡と自治体首長は口にしますが、本当に、理解されて話をされているのですかね……」とも言われたことがある。

ある在日華僑の方は、この迎賓館の前に孫文の銅像を建てたいという。現在、自身が日本と中国との交易で生活できるのも、孫文と日本との深い人間関係があったからであり、その証として孫文の銅像を建てたいという。さらには、日中関係の歴史をもっと深く知りたいと主張する。

日中友好との言葉を日本人は気軽に口にする。しかし、その前提となる歴史の検証がなおざりにされてはいまいか。

第60話　中国革命の滔天を支えた玄洋社はどこに

〈人物相関図　28・30・31・32・36・37・40〉

平成二十九年（二〇一七）の初夏、東京新聞から書評を求められた。『謀反の児』という宮崎滔天の評伝だが、どこか、滔天の立体的な人物像が浮かび上がってこない。そこで、熊本県荒尾市にある「宮崎兄弟記念館」を訪ねた。滔天も眺めたであろう有明海、雲仙岳の風景を近くに見ることで、沸き上がる言葉があるかもしれない。そんな軽い感覚だった。

展示資料を見ていくと、滔天の『三十三年の夢』に登場する宮崎兄弟（八郎、弥蔵、民蔵）は

宮崎兄弟記念館

もとより、曽根俊虎、陳少白、黄興、清藤幸七郎など、滔天に関係した人々の名前が出てくる。驚くのは、孫文が滔天のもとを訪ねてきた際、その筆談を交わす場面が実物大の人形で表現されていることだった。庭に面した座敷で、滔天、孫文が筆を手にしている。その脇には、滔天の妻ツチと思しき女性がいる。精巧につくられた人形だけに、今にも動き出しそうな雰囲気にギョッとしたことを覚えている。

そして、間もなく本格的な梅雨という季節に、庭の梅の樹が気になった。それにだけ、小さな案内看板が下がっている。そこには、大正二年（一九一三）三月十九日、孫文が荒尾の宮崎家を訪ねた際、集合写真を撮影した梅の樹であるという。二百五十年から三百年前、太宰府天満宮から移植されたものという。宮崎家が菅原道真の末裔であるという証拠とも言われるが、確証はない。

もともと、宮崎家は肥後熊本ではなく、筑前御笠（現在の福岡県筑紫野市、大野城市など一帯）の宮崎村が始まりという。それであれば、菅原道真が大宰府に西下してからの関係と言えば、言える。ただ、太宰府天満宮から梅の樹を移植するということは、それ相応の関係でなければあり得ないと、天満宮関係者に話を伺ったことがある。

そういった事々を思い浮かべながらも、何か全般的に物足りなさを感じる。「宮崎兄弟記念館」であるから、宮崎兄弟の事績を展示しているのは当然だ。しかし、滔天が孫文の革命を支援できたのは、玄洋社が背後に控えていたからだ。

昭和四十七年（一九七二）の日中国交樹立において、政治的対立を避けるため、あえて見返りも求めず、朴訥に中国革命を支援した民間人を必要としたのかもしれない。しかしながら、あの巨大な中国という国が、一人の民間人の支援で成立するはずもない。冷静に歴史を直視すれば、そういう疑問は次々に湧き出てくると思うが、不思議に滔天一人に帰結することに納得がいかず、帰路についた。

特に、熊本の荒尾市から鉄道で一時間ほどのところに福岡市がある。その福岡を発祥とする玄洋社との関係が希薄なのは、何か理由があるのだろうか。記念館では、ビデオでほんのわずか、頭山満が紹介されたに過ぎない。

Ⅳ 「日本人」を見失いかけた昭和

第61話　農本主義の本質と実践

〈人物相関図　2〉

茫漠としてつかみどころの無い西郷隆盛（南洲）。その西郷の心情を「解かった」と言い切ったのが三島由紀夫だ。昭和四十五年（一九七〇）十一月二十五日、三島は「楯の會」学生長・森田必勝とともに陸上自衛隊東部方面総監室で自決した。その二年前、「銅像との対話　西郷隆盛」という小文を産経新聞に寄稿して、その胸の内を吐露した。この西郷と三島、時代も異なれば、氏素性も異なる。その二人を強く結び付けたのは、三代にわたる玉利家の人々である。

三島はボディビルで鍛え上げた肉体美を誇りにしていた。しかし、その肉体を作り上げたのは玉利斎だった。その玉利斎と偶然にも縁ができたことから、短い年数だったが、濃密な時間を過ごすことができた。玉利斎から、三島の私的な事々を聞くのが楽しみだった。

玉利斎は早稲田大学の学生の頃、肉体は改造できるとしてテレビや週刊誌に登場していた。これを目にした三島は玉利斎の指導を受けることに。幼少の頃から貧弱な肉体の三島だったが、わずか半年にして、他人の前に裸体をさらけ出すことができるまでになった。その玉利斎の父は玉利三之助（嘉章）といって、剣道九段範士。戦前は天覧試合にも出場する剣士だった。柔道からプロレスに転じた木村政彦を育てた柔道家の牛島辰熊とも親交があった。その玉利三之助は三島に剣道の稽古をつけたことがある。子息の斎と三島との関係からだった。「機鋒が鋭い」、三島の剣に対する玉利三之助の評価だ。

東京・青山霊園　玉利家の墓

その三之助の父は玉利喜造といって、日本の農学博士第一号。第二号は『武士道』を著した新渡戸稲造になる（注：玉利喜造については第29話を参照）。

アメリカ留学を果たした喜造は農学者としての道を歩み始める。西郷は農本主義者（国を維持する根本は農業という思想）だが、喜造は西郷の思想を受け継いだ。人は冷害、地震、津波など、天変地異を避けて通ることはできない。それだけに、人間の知恵を集約し、人が生きるための基本である農業に科学を取り入れるべきと説いた。土壌が貧しいがために農作物に恵まれない東北の民を救うには近代農法が必要と説き、日本初の高等農林学校である盛岡高等農林学校の初代校長に就任する。

盛岡高等農林学校卒業生である宮沢賢治は、喜造からすれば孫弟子になる。賢治が盛んに土壌改良に励み、循環型農業のモデルとして小岩井農場を訪ねたのも、この近代農法を東北の地に根付かせたかったからに他ならない。

もし、西郷が玉利喜蔵の勉学の志を挫いていたらば、どうなっていただろうか。東北の大地は荒れ放題、宮沢賢治も童話を遺すことはできなかったのではないか。三島も、日本を代表する作家として、ノーベル文学賞候補にもならなかったのではないかと考える。

〈人物相関図 6・8〉

第62話　JR二日市駅長・佐藤栄作

JR二日市駅（福岡県筑紫野市）を訪ねると、駅舎右手に記念碑が並んでいることに気づく。その中に「和」と金文字で刻まれた碑が元首相の佐藤栄作を顕彰するものだ。正しくは「佐藤栄作先生景徳碑」だが、佐藤栄作が二日市駅の駅長を務めたことが機縁になっている。半年弱の駅長だったが、近くの二日市温泉に身を浸し、太宰府天満宮の「お石茶屋」で遊ぶのが楽しみだったという。

　大正十五年（一九二六）、第十四代の駅長に就任した佐藤栄作だった。それも、二十五歳という若さだけに、周囲は随分と驚いたようだ。しかし、実際はきさくな佐藤駅長で、郵便物を貨車に積み込むのを手伝ったりしたという。この駅長、地元の人々に新鮮な印象を残したのは間違いない。その佐藤駅長が、まさか、日本国の総理大臣になるとは、当時、誰も想像もできなかったのではないか。

「お石茶屋」前にある吉井勇の歌碑

　山口県出身の佐藤栄作だが、しばしば太宰府天満宮に足を運んだ。幕末、長州の高杉晋作も参詣に訪れたが、高杉が崇敬する菅原道真が祭神である。長州藩の先輩らも多数、この太宰府天満宮を訪れている。三條実美ら五卿が長州から太宰府天満宮に移ってきたからだが、佐藤も往時を偲んだことだろう。

佐藤にとって、もう一つの楽しみは太宰府天満宮拝殿の奥にある「お石茶屋」を訪ねる事だった。参詣人の往来が気ぜわしい参道と異なり、そこだけすっぽり、真空状態。鄙びた茶屋は、落ち着く。二日市駅は大きな駅ではない。しかし、駅長は駅長、重責だ。二十五歳の佐藤にとって、「お石茶屋」でのひと時は、束の間の心安らぐ時間だったのだろう。

今も昔も、東京大学（東京帝国大学）法学部卒業生は官僚のエリートコースを歩む。末は博士か大臣かと期待されるが、首相の椅子は一つしかない。ましてや、佐藤の場合、主流の大蔵省ではなく鉄道省からの政界入りだった。昭和三十九年（一九六四）十一月、その佐藤が第六十一代内閣総理大臣となった。周囲も驚いたが、かつて、二日市駅の駅長であった佐藤を知る人々は、もっと驚いた。

佐藤は戦後の高度経済成長期の首相として、日本の再興に尽力した。まずは、予算ありきの中、陳情団は全国から押し寄せてくる。当然、福岡県や福岡市からも陳情団が上京するが、その時、「お石茶屋」の重箱に梅が枝餅を詰めていったという。早朝から並ぶ陳情団の順番をすっ飛ばし、「お石茶屋」の梅が枝餅を優先。「冷めたら餅が固くなる」という理由からだった。

〈太宰府のお石の茶屋の餅くえば旅の愁いもいつか忘れむ〉吉井　勇
今も、「お石茶屋」の前には歌碑があり、茶店の中には佐藤栄作の写真が展示されている。

第63話　権藤成卿の農本主義

〈人物相関図　34・35・37・38・39・40・41〉

平成三十年（二〇一八）四月十四日、福岡県久留米市で「権藤成卿生誕百五十周年祭」が開かれた。この時、講師として「権藤成卿と玄洋社・黒龍会」と題して講演を行ったが、日本全国から賛同者が顕彰祭に集まった。

ただ、権藤成卿といっても、現代日本では忘れ去られた存在に等しい。昭和七年（一九三二）の血盟団事件、五一五事件など、政財界要人を狙った襲撃事件の思想的背景にいたのが権藤成卿だ。しかし、権藤の地元でも「誰？何をした人？」と素っ気なかった。

血盟団事件、五一五事件においては、その動機は資本家が社会の困窮に目を向けないことに対する不平、不満が嵩じたことからと述べられる。これらの事件は、明治以降、ひたすら西洋近代化を追求した日本の社会制度が疲弊していることを如実に知らしめることになった。しかしながら、当時の日本に貧困層を救済する術は無かった。新興国ながら、欧米列強を中心とする資本主義の制度（グローバル化）に日本は組み込まれていたからだ。

資本が集中する都市と農業を基盤とする地方とでは、どうしても格差が生じる。資本、特に金融資本は移動が容易だが、土地に根差す農業は容易に移動ができない。この根本的な相違に天変地異が農業を襲えば、地方は困窮する。都市と地方の格差が生じるのは、自明の理である。この格差是正を政財界が見て見ぬふりをした事への不満が血盟団事件、五一五事件の真相だった。

権藤は、制度がいかに変革しても不動のもの、いわゆる衣食住が備わった共同体こそが、人が人として存在しうる根本であると説いたのだった。

「我が国に於ける農民は国の基礎であり、成俗（固有の慣習や習慣）の根源である。」と述べる。これは、宮沢賢治が農民は大地を相手にする芸術家と評したことにも通じる。

この権藤の言葉から非科学的、古典的な思想の持主と思われるかもしれない。しかし、もともと、この権藤家は地元久留米では代々医者の家だった。権藤成卿の父・直（松門）は、安政年間に「軍陣医制」を著し、軍医制度の先鞭をつけたことでも知られる。明治以後、当時としては珍しいジャガイモ、えんどう豆などの西洋野菜などの栽培、新品種の種苗を農民に分け与えるなどして余生をすごした人だった。

この権藤成卿の才能は、内田良平が創設した黒龍会の政治思想の根幹に生かされた。黒龍会の機関紙、内田の口述筆記を担っていたのが権藤だったという。権藤成卿の自邸に中国革命同盟会の黄興、宋教仁、孫文らが時事を談じに集まったのも、納得できる。成卿の弟・震二も直接、孫文らを支援した。現代、新生中国でも、頑なに農村を無視しないのは、「生きることは食べる事。食べることは生きる事」という、権藤の農本主義の影響からではと考える。

第64話　頭山満と廣田弘毅の名を刻む手水鉢

〈人物相関図　12・19・21〉

筑前勤皇党の斉田要七、堀六郎の墓碑を確認するため、玄界島（福岡市西区）渡った。墓碑は波止場から少し離れた納骨堂の敷地にあった。盛んにカメラのシャッターを切っていると、納骨堂の管理をしているという婦人から声をかけられ、諸々、説明を受けた。

「この人は総理大臣をされた方で、もう一人は、どなたか分かりません」

そう言われた先に目をやると手水鉢があり、昭和十二年七月、頭山満、廣田弘毅と刻まれていた。子弟関係ともいわれる両者の名が彫られた手水鉢が玄界島に遺っていることに驚いた。

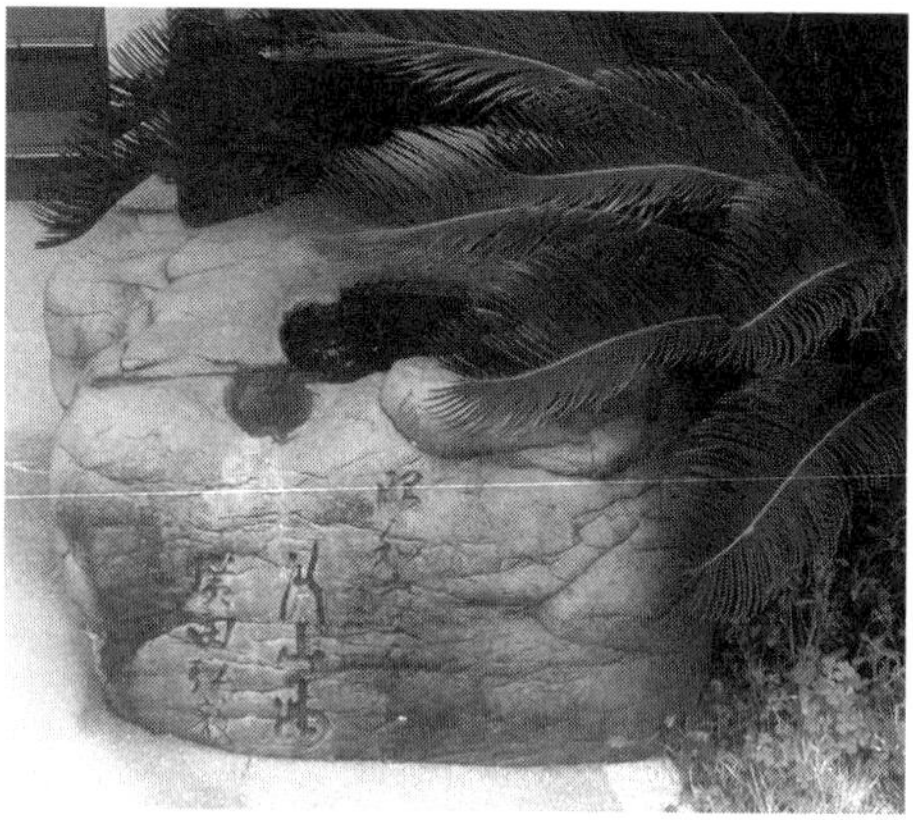

頭山満、廣田弘毅の名前を刻む手水鉢

この手水鉢が発見されたのは、偶然だった。平成十七年（二〇〇五）三月二十日、福岡県西方沖地震が発生した。地震の被害が最も大きかったのが玄界島といわれるが、推定震度七だった。島の復興は急ピッチで進められたが、その復興の過程で発見されたのが、先述の手水鉢だった。発見された当初、通りから奥まった場所に置かれ、頭山、廣田の名前は人目につかないよう背を向けられていたという。しかし、総理大臣経験者の廣田の名前があることから納骨堂入口に据えなおしたという。

なぜ、手水鉢が玄界島にあるのかは、納骨堂を管理される婦人も「わかりません」と言われる。もしかしたら、玄洋社の機関紙である「玄洋」に何か記載されていないだろうかと思い読み込みを進めた。すると、この手水鉢は昭和十二年（一九三七）、糸島郡農会（玄界島は昔、糸島郡に属していた）の農村青年農道会が寄贈したものと判明した。七月九日に開催される農道会が斉田要七、堀六郎の命日に重なることから、郷土の偉人である頭山、廣田の名をいただいて、慰霊祭を開いたと記されていた。

斉田、堀は慶応二年（一八六六）、福岡藩の政変である「乙丑の獄」で斬首された。昭和十年

（一九三五）、玄洋社の人々が玄界島で没後七十年の慰霊祭を開いたと「玄洋」に記載があった。玄界島に流罪となっていた斉田、堀は島の人々に染色の技法を伝授したりもして、島の産業振興に助力していたことから、島人も恩義を感じていたのである。

しかし、大東亜戦争後、ＧＨＱ（連合国軍総司令部）によって玄洋社は解散。広田は戦争犯罪人として絞首刑。手水鉢は人目のつかない場所に移動させられ、島の住民の噂にものぼらなくなった。それが、地震による復興事業で発見され、およそ六十年ぶりに陽の目をみたのだった。

「人はたとえ身が滅んでも、残された者が思い続ける限り、一人一人の心の中にいつまでも生き続ける」といわれる。斉田要七、堀六郎という二人の烈士の碑も手水鉢も忘れ去られていた。しかし、まるで、探しに来るのを待ちわびていたかのようだった。

〈人物相関図　19・21〉

第65話　原田観峰のお手本から学ぶ精神性

平成二十九年（二〇一八）十月二十六日付の読売新聞福岡県版に「維新秘話福岡」として姫

野村望東尼御堂の掛額

島（福岡県糸島市）の野村望東尼御堂（獄舎跡）を寄稿した。文章の他、写真、地図もついているので、読者から「私も行きましたよ」と報告を受けることがあった。しかし、獄舎跡の墨痕鮮やかな「野村望東尼御堂」の掛額を見落としている人が多いことは残念に思った。

　この「野村望東尼御堂」と墨書された掛額は書家の原田観峰によるもの。観峰は苦学の末、いくつかの職を経て書家として大成したが、書道の通信教育でも知られる日本習字教育財団を創設した人でもある。

　この掛額には、「昭和辛酉菊月　観峰書」とある。昭和辛酉菊月とあるから昭和五十六年（一九八一）十月の筆とわかる。辛酉は干支の十二支と十日間の旬の十干とを組み合わせたもの。六十年を一回りすると最初に戻ることから還暦と呼び、人間も六十歳を迎えてお祝いをするのは、ここから来ている。

　書家として著名な原田観峰だが、古神道にも造詣が深い。「日月神示」という神の啓示を読み解くことができるが、その文には不思議な文字が並ぶ。「ひふみ文字」とも言われるが、丸や点、数字のような字が並び、意味は分からない。この文字を解析するため、観峰は岡本天明という画家であり神官でもある人物に師事した。

この岡本天明は一時期、出口王仁三郎の大本教にいたことがあった。大本教も「おふでさき」といって神示を読み解くが、岡本はこの神示を受け継ぐ一人なのかもしれない。大本教には日本海海戦で参謀を務めた秋山真之、合気道の植芝盛平など、著名人が多数関係した。玄洋社の頭山満も出口王仁三郎と親交があったが、原田観峰にまでつながることに不思議を感じる。

不思議と言えば、原田観峰が創設した日本習字教育財団は書の通信教育団体である。印刷技術や写真技術が導入され、身近なところではコピー機もある。先人が書き遺した書物を必死に書き写した作業も無用の時代になった。近年はインターネットの普及で、遠隔地の人とも文字や写真を介して意思疎通を図れるまでになった。

それにも関わらず、お手本通りに文字を書き写すという事が廃れずに残っているのは、どうしてだろうか。試しに、ペン習字のお手本を見てみたところ、そこには三木清（哲学者）の「人生論ノート」からの抜粋、漱石の小説の一文がお手本として示されている。

チベット仏教のダライ・ラマ法王から、現代人は内的世界に目を向けるようにとの説法を聴いた。お手本を書写している時、無意識のうちに瞑想の境地に至っている。書は瞑想と先人の精神性をも感受できる、合理的な手段なのだと気づかされた。

第66話　孫文の親友・末永節をめぐる人々

〈人物相関図 19・21・31・35・37〉

中国革命といえば孫文の名前が真っ先に登場する。その孫文を支援した日本人として名前があがるのが宮崎滔天だ。滔天の代表作『三十三年の夢』は中国語にも翻訳され、これを読んだ中国人志士たちが革命に立ち上がったのだった。その『三十三年の夢』に南斗星、狼嘯の名で登場するのが末永節《すえながみさお》だ。玄洋社、黒龍会に所属し、親友として孫文の革命を支援した。末永は明治二年（一八六九）の生まれだが、昭和三十五年（一九六〇）八月に九十二歳という長寿を全うした。

この末永の米寿をお祝いした額が油山観音（福岡市城南区東油山）に遺っている。昭和三十一年（一九五六）十月六日の日付があり、左には東公園（福岡市博多区）旧武徳殿と記されている。

奉助者芳名として五十音順に個人名、法人名が並んでいる。その数、およそ六〇〇。末永節を慕う人々の多さに驚くが、なかには、中華民国（台湾）の人の名前もある。末永がいかに革命に関与したかが、窺い知れる。

この額の五十音順の名前を写真コピーで丹念に確認していた時、思わず感嘆の声をあげた。あの世界救世教生みの親ともいわれる堀川辰吉郎の名前を見つけたからだ。大本教から分離した宗教法人だが、堀川は大本教の出口王仁三郎とも親しい。評伝では、孫文の革命支援に従事したとも言われる。しかし、噂は多々あるものの、関係性を示すものが無かっただけに、この末永節の米寿の祝いの額に名前が遺っていたことは、一つの発見だった。

もともと、この堀川辰吉郎を知ったのは、堀川の孫になる浮谷東次郎の日記や紀行文からだった。中学三年の夏、自宅があった千葉県市川市から大阪まで、クライドラーという五〇ccのバイクで旅行をし、祖父の堀川辰吉郎に会ったとの記述がある。残念なことに、浮谷東次郎は昭和四十年（一九六五）八月二十一日、三重県鈴鹿市にある「鈴鹿サーキット」で二十三歳という若さで事故死した。以前、この東次郎を深く知りたいと思い、千葉県市川市の実家跡を訪ねたこともある。

中学生がバイクで旅をする。そんな冒険談が面白かった。さらには、ホンダの創業者である本田宗一郎に伝手を得てアメリカに渡るなど、海外旅行が珍しかった当時だけに、その記録を興奮とともに読んだことを思い出す。
後年、玄洋社の頭山満と大本教の出口王仁三郎との関係を調べている時、両者に共通する人物として堀川辰吉郎の名前があった。修養団体「天風会」を立ち上げた中村天風と酷似しているため、何者かがわからなかった。しかし、堀川辰吉郎が浮谷東次郎の祖父と知った時には、声を失った。レーサーと革命。一見、無関係と思えた両者が結びついていたことに、不思議で仕方がない。

第67話　昭和二十年七月十日と十二月八日

〈人物相関図 19・35〉

昭和十六年（一九四一）十二月八日未明、日本海軍の機動部隊はハワイのアメリカ海軍基地を攻撃した。いわゆる「真珠湾攻撃」であり、アメリカの対日報復の合言葉「リメンバー・パールハーバー」だ。このことは、日本が降伏文書に調印してから七十年以上経過しても、いまなお、終戦特集の番組で耳にし、目にする。

しかし、近年、この真珠湾攻撃に関して、異論が出ている。この真珠湾攻撃が日米戦争の始まりではなく、アメリカは日本の先制攻撃を待っていた、などである。公開されたアメリカ公文書館の資料（通称JB三五五）を読むと、従来の史書が伝える内容とは真逆にあることに驚く。しかも、いまだ、多くの日本人は、真珠湾攻撃が日米戦争の始まりであると信じている。どころか、日本の若年層には、日本がアメリカと戦争をしたことさえ知らないのもいる。

この日米の戦いの始まりについて、中南米の日系人たちは、十二月八日ではなく、七月十日であると認識している。これは、太平洋と大西洋とを結ぶパナマ運河をアメリカが一方的に封鎖したからだ。この当時、パナマ運河はアメリカ領であり、アメリカが無通告でパナマ運河を封鎖した日付は七月十日だった。パナマ運河は国際運河と呼ばれ、世界中の船が自由に通過できる。そのパナマ運河を封鎖することは、アメリカの日本への宣戦布告なのだ。

このパナマ運河封鎖は、戦争委員会がアメリカ大統領に勧告した書類（JB三五五）の日付とほぼ同じである。このことは、アメリカは日本との戦闘体制に入り、運河を封鎖することで日本軍の攻撃を煽っていたことになる。厭戦気分のアメリカ国民も、真珠湾攻撃の「だまし討ち」に激怒し、日米戦争へと突っ走ったのは史実に詳しい。

昭和二十年（一九四五）八月三十日、連合国軍最高司令官であるマッカーサー元帥が厚木基地に降り立った。続く九月二日、東京湾上の戦艦ミズーリ号上で日本の降伏文書調印式が始まった。この時、ミズーリ号の第二砲塔には、嘉永六年（一八五三）、アメリカのペリー艦隊来航時、ミシシッピ号に翻っていた三十一星の星条旗が掲げられていた。九十二年の歳月をかけ、ようやくにしてアメリカは本望を達成したといわんばかりに。

この日を境に、勝者のアメリカ、敗者の日本として、勝者の歴史を受容しなければならなくなった。そのプログラムを描いた中心人物が、ハーバート・ノーマンというカナダ人外交官だ。GHQの調査分析課長として来日したが、それ以前に『日本政治の封建的背景』という論文を発表し、玄洋社、黒龍会を悪の秘密結社と断じた。

日本を戦争に巻き込み、革命を起こす。そして、日本を共産主義国家に仕立てる筋書きを描いていたのがハーバート・ノーマンだった。

第68話　山本五十六から笹川良一への手紙

〈人物相関図　19・22〉

山本五十六といえば、ハワイ真珠湾攻撃時の連合艦隊司令長官として知られる。昭和十六年

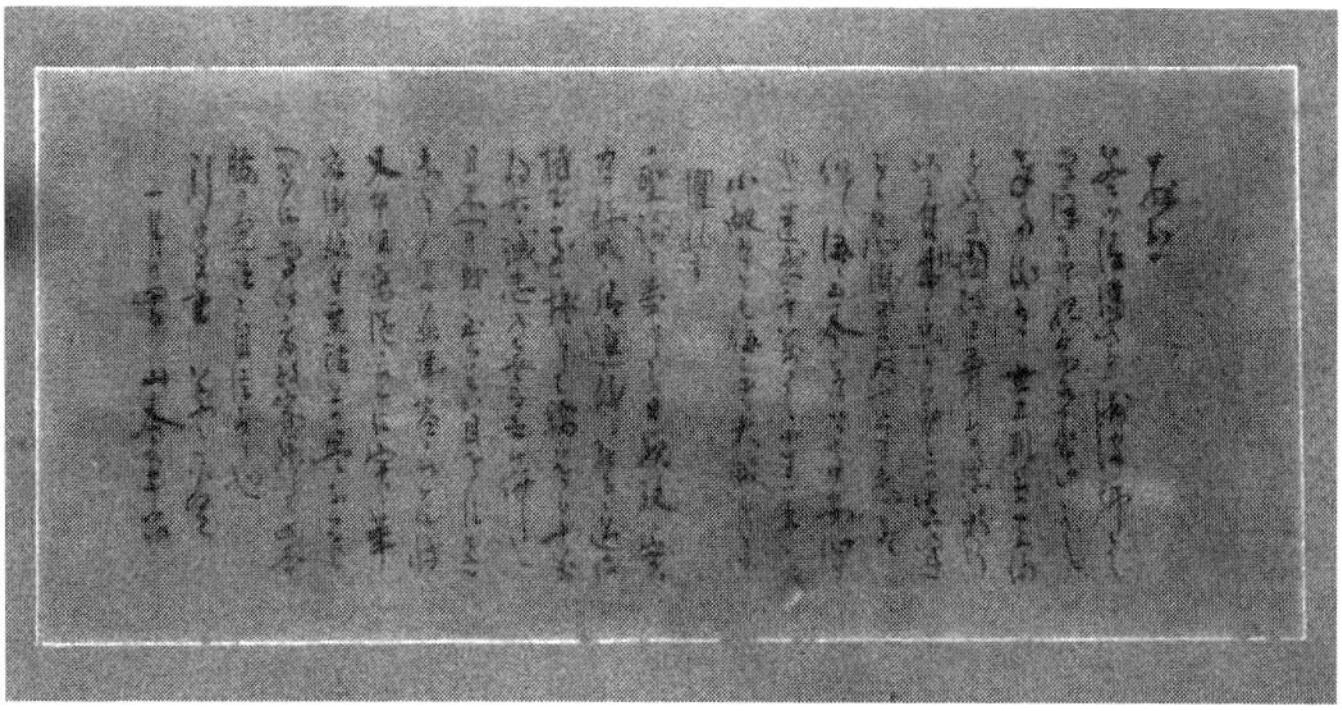

山本五十六の書簡（レプリカ）　福岡県護国神社

（一九四一）十二月八日、日本海軍機動部隊は奇襲攻撃をしかけた。その作戦を遂行した人だが、今や、山本の名前を口にしても、瞬時に反応が返ってくることは珍しい。それだけに、その山本と笹川良一とが盟友であったと話す前に、そもそも、両者が何者かを説明しなければ話が進まない時代になった。戦前の笹川は衆議院議員、実業家だったが、敗戦後は戦争犯罪人として巣鴨の拘置所に入所し、出所後は政財界の「ドン」と呼ばれた。

この両者の濃密な関係を示す資料として山本が笹川に出した手紙がある。複製ではあるものの、福岡県護国神社に保管されている手紙を確認のために訪ねた。内容とすれば、笹川が南方を視察した報告に対する山本の礼状、感想、意見でもある。しかし、不思議なことに、この手紙では笹川良一の名前が切り離されている。山本五十六という著名人の名前はありがたいが、笹川良一という戦争犯罪人の名前は、迷惑なのだろうか。

山本の本心は、アメリカとの戦争を回避したい。反する笹川は戦争犯罪人ゆえに、アメリカとの戦争を推進した人物とみられる。

その水と油の二人が、実は深い人間関係にあり、笹川もアメリカとの戦争は無理と判断していた。そう説明しても、多くの方は否定されるか、信じがたいと言われる。

山本はアメリカ駐在時、日米の工業力の差異の大きさを知り尽くしていた。ランチェスターの法則という軍事力の分析手法で日米の比較も行っていたという。対する笹川も、自ら諸外国に出て見聞を広め、日本の国力の浅さを知っていた。アメリカとの戦争を声高に主張し、日本国民の人気取りに奔走する政治家を揶揄していた。アメリカと戦争になれば、多大なる犠牲を強いられる。精神力だけではとうてい勝てない事を、両者とも知っていたからだった。

昭和十八年（一九四三）四月、山本は前線視察中に米軍機の銃撃を受け戦死。戦後、笹川が所持する文書をGHQは押収し分析を行った。その中に、件の山本の手紙も含まれていた。ゴードン・プランゲというGHQの日本研究者が公表した記録には、笹川の名前が記された手紙の写真が出ており、先述の通り、山本と笹川の見解は同じだった。

驚くことに、この笹川は第一次上海事変での和平交渉の場にもいた。玄洋社の杉山茂丸と親しい中島徳松の福岡の邸で、密かに中国国民党側と停戦交渉の下準備をしていた。敗戦後、中島徳松の関係者の証言、上海事変時の新聞記事を照合して判明したことだった。

すでに、あの大東亜戦争から七十年余も経過し、アメリカ側では当時の公文書も公開されている。冷静に、事実を追いながら、なぜ日本が、あの未曽有の大戦に至ったのかの分析を試みるのが、次世代への教訓になる。

第69話　朝鮮戦争と福岡

〈人物相関図　19・39〉

現在の博多港（福岡市博多区）には、三千人乗りの大型クルーズ船が寄港する。その搭乗客の多くは中国人だが、一様に、大型バスに乗って近隣の観光地を巡り、免税店で買い物をし、そそくさと次の寄港地へと向かう。

韓国プサンからはフェリー、ジェット・フォイルが博多港に入港してくる。福岡空港には日帰りでの韓国の買い物客が降り立つ。日韓関係は「最悪」「悪化の一途」などとテレビニュース、新聞は書き立てる。しかし、二度に渡る元寇襲来、朝鮮戦争での最前線基地であった福岡からすれば、マスコミが視聴者の耳目を集めるため、単に危機感を煽っているだけなのではと疑ってしまう。

昭和二十五年（一九五〇）六月二十九日、朝鮮戦争勃発により、在日アメリカ空軍板付基地（福

米軍基地時代を表す壁画　福岡空港ロイヤルホスト

岡市博多区)、小倉、八幡、門司(いずれも北九州市)に警戒警報、続いて灯火管制が発せられた。正体不明の飛行機が基地に接近したからだが、板付基地からアメリカ軍戦闘機が飛び立ち、銃弾を受けたアメリカ軍戦闘機が帰還したとも当時の新聞縮刷版は報じている。まさに、板付基地は朝鮮戦争での最前線基地だったが、一日に三百機が発進したこともあったという。

現在の九州大学筑紫キャンパス(福岡県春日市)は、アメリカ軍基地施設とその軍人軍属の住宅があった場所だ。JR鹿児島線からの引き込み線脇には倉庫群が並び、野球場、ゴルフ練習場を備え、無数の白壁住宅(ハウスと呼んでいた)を鉄条網が囲んでいた。

この広大な基地施設だけでは収容できず、周辺自治体にもアメリカ軍住宅や娯楽施設が点在していた。今も、残骸のようにして当時のハウスが残っているが、それは筆者が通った二日市保育園（福岡県筑紫野市）の近くにもあった。敗戦国日本の子供は、アメリカ人の子供から虐められても、抵抗することは大人たちから固く禁じられていた。

また、通った二日市中学校の職員室は、アメリカ軍のダンスホール跡を改築したものだった。ステンドグラスの嵌まった妖艶な職員室など、現代であれば批判が集中するのは間違いない。

古くから、「朝鮮半島は日本列島に食い込む刃」と言われる。特に、北部九州の福岡はその最前線に位置していることから、有事においては真っ先に戦乱に巻き込まれる。日清戦争前には朝鮮の東学党の乱に加担するため、玄洋社の内田良平らは「天祐侠」を組織して朝鮮に乗り込んだ。これは戦争の是非を議論する以前に、朝鮮半島有事が直接に北部九州に影響することを知っているからに他ならない。

「歴史に学ぶ」ということは、平時の事々だけではないはずだ。

第70話　出光佐三と東郷平八郎

〈人物相関図　19・21・22〉

百田尚樹氏原作の小説、映画によって出光佐三は「海賊」と呼ばれるようになった。一代で石油会社を興した立志伝中の人として知られるが、中でもイギリスと紛争中のイランから石油を輸入したことは「日章丸事件」として歴史にも刻まれる。これは、自社のタンカー日章丸二世を極秘のうちにイランに向かわせ、イギリス海軍の警戒網を掻い潜って日本に戻ってきたからである。この行動を「海賊」と呼んでいるが、海上での略奪行為からでは無い。この出光佐三と日露戦争日本海海戦での東郷平八郎との接点があるとのことで、東郷神社（福岡県福津市）に向かった。

出光佐三は明治十八年（一八八五）、福岡県宗像郡赤間村（現在の宗像市赤間）に生まれた。現在、旧唐津街道「赤間宿」に生家跡があり、記念館として公開されている。明治三十八年（一九〇五）、出光は神戸高商（現在の神戸大学）に入学したが、この頃、日本はロシアとの戦争中だった。ロシア・バルチック艦隊が日本近海に向かっており、五月二十七日、日本海海戦では日本海軍が大勝利を収めた。出光の故郷である宗像の沖ノ島からは、その戦闘状況が望見できたという。

この日本海海戦で指揮を執った東郷平八郎は、世界も絶賛する名提督として知られる。その東郷を祭神とする東郷神社が福岡県福津市にあるが、残念ながら、広く知られていない。東京にも東郷神社があることから、東京より先に東郷神社が存在していたとは、思ってもみないようだ。しかしながら、地元には元帥に護られたという崇敬の意識が強く、東郷元帥手跡の社標、扁額、胸像、福岡県久留米市には元帥の書斎までもが移築されている。いかに、この戦いが国の存亡をかけた国防戦争であったかを知ることができる。

　東郷神社は玄界灘を一望できる大峰山自然公園の一画にある。空気が澄んでいるときには世界遺産になった沖ノ島も視野に入る。その自然公園には「日本海海戦紀念碑」が聳えているが、碑は東郷元帥の手跡。東京の九段小学校の講堂を借り、実寸大を想定して大書したものと伝わる。碑の建設資金の募集には、玄洋社の頭山満、杉山茂丸らも協力した。

日本海海戦紀念碑の台座裏面の
出光佐三の名前

　当時の日本は、主権を認めない不平等条約を解消したいと熱望していた。それには、欧米列強に追いつき追い越さなければならない。戦争の是非の前に、武力で侵略してくる相手には武力で対抗するしか、日本には生き残る術は無かった。その日本も、大東亜戦争では欧米列強の武力、資源、物量の前に屈した。しかし、日本を再興するという強い意志は出光佐三に引き継がれていた。昭和二十八年（一九五三）五月九日、イギリスの軍艦の追尾を振り切ってイラン産の石油を積んだ日章丸二世が川崎港に帰着した。一矢を報いたこの出来事は、敗戦で打ちひしがれた日本国民に大きな自信を取り戻すことにもなった。

その出光の名前は、「日本海海戦紀念碑」の台座裏面に刻み込まれていた。

第71話　ボクシングと演歌がもたらしたフィリッピンとの友好

〈人物相関図 19・21・31・39〉

演歌歌手の五木ひろしは、左手でマイクを握り、右手は拳。演歌歌手だけに、コブシを利かせるためなのかと思うが、そうではない。五木が所属したプロダクションはキックボクシングのジムも運営していた。時折、選手と一緒にスパーリングをしたとも五木自身は語る。身についた癖として、つい拳を握ってしまうようだ。下積みの長かった五木だが、事務所のオーナーは野口修。キックボクシング創設の第一人者だ。

その野口の父は野口進といって、ボクシング選手だった。それも、ただのボクサーではなく、昭和八年（一九三三）二月、民政党の若槻礼次郎を襲撃したことで知られる。この話については、三島由紀夫にボディビルをレッスンした玉利斎から、たびたび聞かされた。

野口進が若槻礼次郎を襲撃した頃の日本は、満洲事変、上海事変、満洲国建国、国際連盟脱退など、国際的に孤立を深めていた時期だった。国内においても、浜口雄幸襲撃事件、十月事件、血盟団事件、五一五事件と、要人を狙った事件が起きていた。若槻襲撃も国内外の政治に対する暴発の一つだった。

そして、昭和十六年（一九四一）十二月八日、日本はアメリカ、イギリスなどとの全面戦争に突入した。当初、破竹の勢いで進撃した日本の陸海軍だったが、工業力、石油資源に乏しく、昭和二十年（一九四五）八月には敗戦。連合国軍の占領下におかれた。

戦後、日本はアジア諸国との国交関係を樹立していくが、特にフィリッピンとの関係修復は難航した。人的被害が大きく、補償問題が暗礁に乗り上げていたからだった。しかし、この関係改善に動いていたのは、ボクシング関係者だった。政治的に折り合いがつかない両国の間で、野口進、田辺宗英らが試合を行うことで関係を強化していった。

もともと、この日本とフィリッピンとの関係には、玄洋社、その同人たちが関係していた。

その具体例が明治三十四年（一九〇一）七月の「布引丸事件」である。これは、独立を切望するフィリッピンのアギナルド将軍の要請に応え、武器弾薬を布引丸に積み込んで送ったものの、台風に遭遇し船は沈没。この時、武器調達資金の横領が発覚し、政治問題になるとして犬養毅が宮崎滔天に口止めをした。当事者の一人である内田良平が滔天と決裂した事件でもあった。

先述の野口進、田辺宗英は玄洋社の頭山満を崇拝していた。両名が同人として所属した愛国社の岩田愛之助が頭山を尊敬していたことに関係する。この濃密な人間関係は、戦後も、アジア主義者であり孫文の親友である末永節に引き継がれていた。

ボクシングと演歌がアジア主義者と関係していたなど思いもつかない。だが、浪曲師の宮崎滔天、演劇人の川上音二郎が玄洋社と関係があったことを知れば、何ら不思議はない。

〈人物相関図 2〉

第72話　三島由紀夫と西郷隆盛の関係

平成二十五年（二〇一三）の夏、東京都立多磨霊園を訪ねた。この頃、三島由紀夫と「楯の會」

の企画本の編集に関わることになり、三島の墓所を確認するためだった。多磨霊園は東京都下の府中市、小金井市にまたがる。広さ一二八万平方キロメートル、ドーム球場二十七個分、路線バスが霊園の中央を貫き、ジョギングの周回コースもある。三島由紀夫のみならず、東郷平八郎、山本五十六、古賀峯一という海軍元帥、ゼロ戦開発者の堀越二郎の墓もあることで知られる。

この三島由紀夫と「楯の會」の企画本編集に関わったことから、平成三十年（二〇一八）十一月二十三日、筥崎宮（福岡市東区箱崎）参集殿での第四十八回「福岡憂国忌」で講演をすることになった。「三島由紀夫と西郷隆盛　両雄をつなぐ玉利家三代」と題した内容だが、時間は限られている。事前に講演内容に添ったレジュメを準備していたが、その他、数多くの写真も見ていただいた。広大な敷地の多磨霊園で探し当てた三島の墓所。三島がボディビルを始める前の肺病患者のような貧弱な肉体。後で聞いた話だが、三島のあばら骨が浮き出た裸体の写真に参加者が涙したとのことだった。

講演では、三島が自決前、西郷隆盛を尊崇していたことを示す一文を紹介した。三島の全集に含まれる「銅像との対話　西郷隆盛」だが、当初、三島は西郷を否定的にみていた。「若い者を引き連れて、最期は自決して……無責任だ」と。しかし、三島にボディビルをレッスンした玉利斎との出会いから、徐々に西郷に対する見方が変化していったという。「三島さんとは、

晴明宮と三島由紀夫主席の晴明の碑
横浜・鶴見神社

随分と遣り合った（論争した）よ」とは、直接に玉利斎から聞いた話だが、玉利斎の祖父は西郷隆盛と関係があっただけに、三島が相手でも一歩も引き下がれなかったという（第29話、第61話を参照）。

講演の写真では、三島に関係するものとして、あまり存在が知られていない「晴明宮」という社を見ていただいた。これは、横浜市鶴見区にある鶴見神社の末社の一つだが、三島由紀夫、森田必勝を祭神とするもの。末社の右手には三島の手跡で「晴明」と刻まれた石柱がたっている。三島由紀夫と「楯の會」の企画本の編集での取材で訪れたが、ほぼ一日、この末社と対峙して、三島、森田の両名が自決に至った本意、思いを考えた。西郷隆盛が決起に至った真意も定まっていない現代、簡単に分かるわけもないが、一端には触れたかった。

ある日、玉利斎と東京九段の靖国神社近くを歩いている時のことだった。突然、玉利斎は立ち止まり、無言で空を見上げた。しばらくして、「三島さんが、腹切ったときは、空がこんなに澄み切っていたときだったなぁ……」と呟いた。側で、玉利斎と共に空を見上げながら、西郷と三島、余人には容易に理解できないと思った。

〈人物相関図 19〉

第73話　引揚港・博多と二日市保養所

四十数年ぶりに、高校時代の友人から電話があった。平成三十年（二〇一八）五月五日付の西日本新聞（本社は福岡市中央区天神）に「二日市保養所の歴史を語り継ぐ会」でのパネラーに名前を見たとのことでの連絡だった。友人の親族が堕胎手術の行われた「二日市保養所」の近くに住んでいることから、伝えたいことがあるという。

昭和二十年（一九四五）八月、日本が連合国軍からのポツダム宣言を受諾する前、不可侵条約を交わしていたソ連（現在のロシア）が、満洲に軍事侵攻してきた。ここから、満洲の日本人はソ連軍に虐殺され、男は奴隷としてシベリアに連れ去られた。婦女子は慰安婦として玩ばれ、子供たちは路頭に迷い満洲人に引き取られたりした。これら、満洲での地獄模様は、多く

二日市保養所跡に立つ「仁の碑」

のメディアが報道している。

しかし、満洲、朝鮮などから日本に引き揚げてきた人々が、その後、さらにどれほどの苦汁を味わったかは、詳細に伝わっていない。「引き揚げ者」といういわれのない差別から、誰もが被った体験を語ろうとはしなかったからだ。さらには、引き揚げ途中、ソ連兵、満洲人、朝鮮人による性的暴行を受け、あげくに妊娠、堕胎手術を受けたことなど、絶対に口にできなかった。さらなる、差別、侮辱が加わるからだ。

戦後七十年余り。ようやく、当時の引き揚げ体験者たちが、寿命の灯が途切れる寸前になって重い口を開き始めた。様々な、人としての懺悔の意味もあるのだろう。とりわけ、「二日市保養所」というのは、極秘のうちに堕胎手術を行った病院だった。ここでの事々は、ほそぼそと文献に遺される程度だった。具体的に、堕胎手術を受けた員数も、名前や所在地も、カルテも残っていない。堕胎手術を受けるため、女性たちは博多港からトラックに荷物の如く運ばれたという。敗戦後の医薬品が乏しい中、麻酔無しで堕胎手術を受け、痛みに耐えて声もあげなかったという。

ところが、友人が語るには、そうでないという。二日市保養所（現在の済生会二日市病院）の近所では、毎夜、女性たちの悲鳴が聞こえたという。「ああ、また、（堕胎）手術がありよる……」その苦痛の場面を思って暗くなったという。医療従事者が不足する戦後、昼の勤務を終えた看護婦たちが手伝っていたという。ゆえに、真夜中に手術が行われた。

玄洋社の歴史を調べるうち、玄洋社員の緒方竹虎、その弟で医師の緒方龍が「二日市保養所」に関わったことが分かった。このことから「二日市保養所」にも関心が向いたのだった。

現在、現地には水子地蔵堂、「仁」の碑が遺されている。堕胎後の胎児の始末も、二日市保養所の周囲に埋めたと伝わる。しかし、三百以上の胎児を埋めるだけの場所はない。今後もさらなる調査が必要だが、関係者が存命のうちにと焦るばかりだ。

第74話　一九六四年・東京オリンピックの使命とは

〈人物相関図　19・35・39〉

昭和四十三年（一九六八）一月九日付の朝日新聞夕刊紙面に円谷幸吉の自殺を報じる記事が載っていた。円谷は昭和三十九年（一九六四）、東京オリンピックのマラソン競技で銅メダルを獲得。続く、メキシコ大会での金メダル獲得が期待されていた。度重なる身体の故障に苦悩する円谷とは裏腹に、円谷への国民の期待は高まるばかりだった。

円谷は陸上自衛隊に入隊後、新設された自衛隊体育学校に入校した。アジアで初めて開催される東京オリンピックで、一つでも多くのメダルを獲得する。それは、大東亜戦争後、占領支配を受けた日本人に自信を取り戻す絶好の機会でもあった。

その期待に応えた円谷は陸上自衛隊幹部候補生学校への入校が決まった。ここは、旧陸軍の士官学校に相当するものであり、現在も福岡県久留米市にある。この学校の名物は、学校の背後に位置する高良山との間を往復する記録会である。高良山は標高三一二・三メートルの山だが、急峻な山道を駆け上り、下るのは、頑強な肉体を誇る自衛官といえども過酷。その山道を円谷は抜群のスピードで完走し、いまだ、その記録は破られていない。

スポーツ医学が発達した現代、ヘルニア、アキレス腱を痛めた円谷がマラソン競技に出場することは不可能と判断される。しかし、円谷に辞退させるという「空気」は皆無だった。自衛隊体育学校で後進育成の道があったのではと思えるが、それは当事者にしか分からない「何か」があったのだろう。幹部候補生学校でも常に独りぼっちだったという。

高良山にある漱石の句碑

戦後の日本で人気が高かったプロスポーツはボクシングだった。しかし、アメリカの植民地支配下、本場アメリカ仕込みのフィリッピン人選手に、日本人選手は敵わなかった。今でこそ、オリンピックでのメダル獲得の陰に科学的なトレーニング、分析が必須となっているが、戦後復興期の日本では望むべくもなかった。

もともと、日本が近代オリンピックに参加し、嘉納治五郎が国際オリンピック委員会の委員に就任したのも、その背景には興亜思想があった。日本がオリンピックに参加することで、アジア、アフリカの人々に勇気と希望、自信を取り戻すことが目的だった。いわば、国威発揚でありながら、アジアの再興を願っていたからに他ならない。そのことは、内田良平が講道館柔道を九州に伝えるために柔道場「天真館」を開いたことに現れている。玄洋社の廣田弘毅が講道館の役員に名前を連ねたことも同じ意義が隠れている。

「山路を登りながら、こう考えた。智に働けば角が立つ。情に棹させば流される。意地を通せば窮屈だ。とかくに人の世は住みにくい。」

漱石の『草枕』の冒頭だが、漱石もこの高良山の険しい山路を登った一人である。漱石は人の世の住みにくさを言葉に置き換えたが、円谷には自死しかなかったのだろう。

〈人物相関図 9・10〉

第75話 愛新覚羅溥儀が好んだチキンラーメン

文久三年（一八六三）八月、「大和挙兵天誅組の変」が起きた。この「大和挙兵天誅組の変」には筑前福岡の吉田重蔵が参加しており、その吉田を顕彰する「尊王烈士碑」が筑紫神社（福岡県筑紫野市原田）に遺っているという。吉田に勤皇思想の影響を与えた人間関係、詳細を知りたく筑紫神社を訪ねた。

「尊王烈士碑」　筑紫神社

「大和挙兵天誅組の変」は武力による倒幕運動の先駆けといわれる。しかし、体制が不十分であったことから失敗。ともに挙兵した仲間たちは捕縛。先述の吉田重蔵も京都・六角の獄舎に送られた。後に、元治元年（一八六四）年の「禁門の変」で京都市中は大混乱となり、その最中、逃亡を防ぐためとして吉田重蔵は獄中で惨殺されてしまった。この時、「生野の変」で挙兵し失敗、京都六角の獄舎にいた筑前福岡の平野國臣も惨殺されている。この「禁門の変」には、長州軍とともに真木和泉もいたが、一説では平野國臣を救出する目的があったとも伝わる。

この「大和挙兵天誅組の変」の主導者は中山忠光だが、急進的尊皇攘夷派公卿として知られる。決起に失敗し、再起を期して長州へと落ちていった。そして、長州の女性との間に女児が誕生するが、中山忠光は長州藩の俗論党によって暗殺。維新後、女児は中山忠光の血脈を受け継ぐ人として、中山忠光の正妻（平戸藩主・松浦熈の娘）に養育され嵯峨家の人となった。

後に、中山忠光の血脈を継ぐ嵯峨家の浩が、満洲国皇帝、清朝最後の皇帝、愛新覚羅溥儀の実弟である愛新覚羅溥傑に嫁いだ。溥傑の妻となった浩だが、その祖である中山忠光の姉は明治天皇の母である。いわば、明治天皇の叔父が中山忠光になることから、日本の皇室と満洲国皇帝とは縁戚関係となって繋がっていたのである。

日本の敗戦後、中国・北京政府は「満洲国は日本の傀儡政権」と既定したことから、満洲の歴史、満洲国との関係について日本人の関心は及ばない。このため、愛新覚羅溥傑とその家族が山口県下関市の中山神社に祀られていることも広く知られることはない。

満洲帝国も日本の敗戦と同時に崩壊。愛新覚羅溥儀、溥傑は中国共産党に捕まり長い獄中生活を送ることになった。しかし、溥儀は体調不良から病院生活を送ることになり、大部屋の病室暮らしとなった。かつては、満洲帝国の皇帝として贅沢極まりない暮らしぶりを送っていた溥儀だったが、タバコ代にも事欠くほどだった。晩年の好物は日本のチキンラーメンだったが、溥儀の義妹である浩の親族が日本から送ってきたものだった。

かつて、食べきれないほどのご馳走に囲まれていた溥儀がチキンラーメンを啜る。その姿を想像すると、人間の一生とは何なのかと考えてしまう。

第76話　中国革命の故郷・福岡

〈人物相関図　19・20・21・37・40〉

昭和五十三年（一九七八）八月、新聞各紙は日中平和条約締結について報じた。昭和四十七年（一九七二）九月、田中角栄首相が中華人民共和国を訪問し国交樹立となった。これを受け、相互の外交に関する確認のための平和条約締結が進んでいた。実に、六年近くもの年月をかけて、双方が交渉を続けていたことになる。

日中平和条約締結の特命全権大使は園田直外相だった。八月八日、日本時間の午後七時半、特別機は雨の北京空港に到着した。出迎えの黄華外相らはバスで特別機のタラップに近づき機内に入った。外交に関する報道のため、主要な人物の氏名しか新聞紙上にはない。しかしこの時、園田外相の秘書として頭山興助がいた。頭山興助とは、玄洋社の頭山満の直孫である。この頭山を求めて、中日友好協会会長の廖承志が動いた。廖承志は日本留学時、頭山家の人々と深い交際があったからだが、全権大使の園田を差し置いて機内に飛び込んできたのだった。

いまだ、玄洋社といえば「右翼」「テロリスト集団」「ブラック」「ダーク」とマイナスのイメージで語られる。朝鮮半島、中国大陸を侵略した軍部の先兵を務めた団体とみられている。その

福岡県公会堂貴賓館

ため、中華民国を建国し、中国革命を指揮した孫文、黄興という中国人革命家たちを支援し、深い関係にあることを知らない方が多い。孫文の革命支援をした玄洋社として話をしても、俄かには信じられないと多くの方が口にされる。

しかしながら、中国広州市から福岡市を訪ね来た若き中国人たちを、孫文が演説をした場所、孫文が墓参に訪れた平岡浩太郎（初代玄洋社社長）の墓所、玄洋社墓地に案内すると、感激の面持ちで足を運ぶ。同時に、孫文の来福を報じる当時の新聞コピーを示すと、構わずカメラのシャッターを押している。日本人は知らずとも、中国の人々は孫文の革命を全面的に支援したのが誰なのかを知っているのである。

全権大使の随員として、玄洋社の頭山満の直孫が訪中するとなれば、何を置いてでも出迎えるのが中国人の性ではないだろうか。国と国との政治体制をはるかに飛び越え、人と人との関係が優先される。このことは、孫文や黄興といった革命家たちとの交友においても同じだった。

現在、中国人観光客を乗せた三千人乗りのクルーズ船が博多港に入港してくる。しかし、買い物や観光地巡りをするだけで、建国に至った革命家孫文を支援した、いわば、中国革命の故郷であった福岡を知ろうという中国人はいない。同じことを、日本人にも言える。

かつて、福岡県公会堂で、孫文は中華民国建国の御礼演説をした。外交の基礎は人。経済優先で、人と人との結びつきの歴史を蔑ろにしてはいまいか。

第77話　アンパンマンは日中提携のシンボル

〈人物相関図　3・16・17・18・19・20・26・27・29・31・39・42〉

今も、アニメ「アンパンマン」は子供たちに人気だ。「アンパンマン」をテーマにしたミュージアムを訪れると、小さな子供連れの家族で賑わっている。この「アンパンマン」の原作者はやなせたかし（本名は柳瀬嵩）だが、世の中に「アンパンマン」が認められるまでは、幼稚園などを廻って幼児相手の絵本の話をしていたという。

その、やなせたかしも、戦前は中国大陸に出征するという従軍経験がある。アメリカ軍の侵攻に備え、部隊は中国大陸の上海と温州の間を行き来したという。その、やなせにとっての一番の恐怖は飢餓という。銃弾や迫撃砲の恐ろしさもさることながら、「お腹が空いた」という飢餓ほど恐ろしいものはないと言い切る。飢餓の前に、正義も何もない。やなせたかしにとっての正義は、飢餓からの解放だった。ゆえに、正義のヒーロー「アンパンマン」は、お腹を空かせた子供に自身の顔（アンパン）を与えるのである。

このやなせたかしが、「アンパンマン」誕生秘話、従軍経験とともに、父親、実弟について語った講演録がある。それによれば、父親は上海にあった東亜同文書院の第十三期卒業生という。この当時、東亜同文書院は、少数精鋭のエリート校だったが、父子ともに中国大陸の地を経験しているのも面白いと思った。

東亜同文書院の母体は、近衛篤麿の同文会、陸羯南、内田良平、宮崎滔天らの東亜会、横井小楠の弟子である長岡護美（肥後熊本藩主の系譜）の興亜会が合体して成立した東亜同文会である。その東亜同文会が上海に設けた学校が東亜同文書院になる。

東亜同文会の共通した目標は、数世紀に渡って欧米の植民地支配を受けるアジアの再興だった。その手段としての日本と中国との提携だった。その人材育成を目的としての東亜同文書院だが、日本と中国との提携については、玄洋社の平岡浩太郎、中江兆民、杉田定一らが上海に設けた東洋学館が始まりとなる。さらに、岸田吟香、荒尾精、宗方小太郎らが漢口楽善堂を設け、日清貿易研究所に発展する。残念ながら、日清戦争によって日清貿易研究所の鐘崎三郎らは軍事探偵として従軍中、清国兵に捕まり処刑されるという悲運もあった。

そして、根津一を初代院長とする東亜同文書院が明治三十三年（一九〇〇）、上海に設立され、昭和二十年（一九四五）の日本の敗戦によって閉校、撤退となったのだった。

東亜同文書院では卒業前、大陸の踏査をするのが慣例となっていた。不思議なことに、やなせたかしの所属部隊が移動した区間は、若き日、やなせの父親が卒業前に歩いたルートだった。このことを、やなせたかしは不思議で仕方ないという。

「アンパンマン」は中国では「麺包超人」と呼ばれる。今、中国でも人気の「アンパンマン」は、やなせ父子を介して、日中提携の一翼を担っている。

第78話　東亜同文書院・院長の大内暢三と定遠館

〈人物相関図　2・9・15・21・42・43〉

太宰府天満宮に「定遠館」を遺した小野隆助の系図を辿っていた時、驚きの声を挙げた。隆助は実の娘の駒子の養嗣子として隆太郎を迎え、もうひとり、一族から姪にあたる梢を養女に迎えていた。その梢は、大内暢三（一八七四〜一九四四）の妻女となっていた。いわば、小野隆助からすれば大内暢三《おおうちちょうぞう》は娘婿だったのだ。

この大内に関して、従来、上海の東亜同文書院の院長という印象しかなかった。しかし、福岡県八女市に「旧大内邸」という記念館があると知り、詳細を知りたいと思い訪ねた。ここは大内暢三の実家だが、現在、八女市の指定文化財となっており、一般に公開されている。

大内暢三は東京専門学校（現在の早稲田大学）を経て、アメリカのコロンビア大学に留学。帰国後、母校早稲田大学の教員となるが、後の総長・高田早苗の紹介で近衛篤麿の側近となった。このことが、大内をアジアへと結びつけた。しかし、大内が院長の頃、日中関係は上海事変の勃発などで、もっとも険悪な関係の時だった。

本来、東亜同文書院は日中の提携により、欧米に侵略されるアジアの解放、興亜を目的に設

旧大内邸にある大内暢三の像

立された学校だった。それだけに、院長である大内の心中は忸怩たる思いであったことは想像に難くない。そんな大内の日中提携という高い理念を示すように、大内邸には清国の改革派官僚であった康有為の書などが、無造作に掛けられていた。

　大内暢三は、日中、日韓の文化による交流を主軸にした人だ。大東亜戦争では、出征する東亜同文書院の学生に向け、「軍事通訳に出動することは、日本軍のためだけでなく、むしろ中国民衆のためになる」と語った。言葉が通じず、異文化によって意志の疎通が図れないことほど、対立を生じるものはない。そういった場面にこそ、東亜同文書院の学生の活躍の場があるのだと言いたかったのだろう。このことは、日本の敗戦後、抗日戦争勝利の放送を行った蒋介石の「以徳怨報」（徳を以て怨みに報いる）に通じるものを感じる。

　大内の岳父にあたる小野隆助だが、久留米水天宮宮司であった真木和泉の甥である。幕末には、父親の小野加賀とともに三條実美の謁見も受けた。小野隆助は西郷隆盛の思想を受け継ぐ玄洋社の社員であり、衆議院議員、香川県知事を歴任した。頭山満からは「筑前西郷」とも称された人だ。その小野隆助と大内暢三とが一族として結びついていたことに、大変な感動を覚えた。やはり、アジアを視野に入れた思想の系譜があったと確信した瞬間だった。

意外なことに、ここ大内邸には作家の五木寛之の作品が所せましと並んでいる。戦後、朝鮮から引き揚げてきた五木は、ここ八女に住んでいた。さして、良い思い出は持っていないと伝え聞くが、しばしば、好んで大内邸を訪れるという。古い、古民家風でありながら、やはり、どこか、中国大陸や朝鮮半島の匂いがするからだろう。

関連略年表

和暦	西暦	事件など
文化五年	一八〇八	フェートン号事件
文政六年	一八二三	勝海舟生誕
文政九年	一八二六	シーボルト・江戸参府出発
文政一一年	一八二八	藤四郎生誕
天保一〇年	一八三九	蛮社の獄
天保一二年	一八四一	徳丸ヶ原で西洋砲術の試射
弘化二年	一八四五	平野國臣・江戸藩邸詰め
嘉永三年	一八五〇	お由羅騒動
嘉永六年	一八五三	アメリカ使節　ペリー来航
嘉永六年	一八五三	ロシア使節　プチャーチン長崎来航
安政元年	一八五四	日米和親条約締結
安政二年	一八五五	長崎海軍伝習所開設
安政三年	一八五六	中村円太・藩校修猷館の訓導に
安政四年	一八五七	インド・セポイの反乱
安政五年	一八五八	日米修好通商条約締結
安政五年	一八五八	日仏修好通商条約締結
安政五年	一八五八	安政の大獄　月照、平野國臣は薩摩へ

安政五年	一八五八	カッテンディーケ博多に来航
安政六年	一八五九	中村円太・福岡藩脱藩
安政六年	一八五九	亡命薩摩藩士ら離島に隔離
万延元年	一八六〇	日米修好通商条約締結の為　勝海舟渡米
万延元年	一八六〇	桜田門外の変　井伊直弼暗殺
万延元年	一八六〇	平野國臣・倒幕を唱える
文久元年	一八六一	ロシア軍艦　対馬に来航し島民と衝突
文久元年	一八六一	辛酉の獄　中村円太・小呂島に流罪、月形洗蔵・牢居
文久二年	一八六二	福沢諭吉・二度目の海外渡航
文久二年	一八六二	薩摩藩百文銭の贋金造り始める
文久二年	一八六二	真木和泉　脱藩
文久二年	一八六二	坂下門外の変　安藤信正を襲撃
文久二年	一八六二	平野國臣・投獄される
文久二年	一八六二	伏見・寺田屋事件
文久二年	一八六二	生麦事件
文久二年	一八六二	高杉晋作らイギリス公使館焼き討ち事件
文久三年	一八六三	長州藩　馬関海峡で攘夷決行
文久三年	一八六三	薩英戦争
文久三年	一八六三	大和挙兵天誅組の変
文久三年	一八六三	八月十八日の政変・七卿落ち

和暦	西暦	事件など
文久三年	一八六三	生野の変
元治元年	一八六四	天狗党の乱
元治元年	一八六四	池田屋事件
元治元年	一八六四	禁門の変　平野國臣・殺害　真木和泉・自決
元治元年	一八六四	長州征伐（第一次）
元治元年	一八六四	長州藩　馬関海峡で四国艦隊との戦争
元治元年	一八六四	高杉晋作が福岡藩に亡命
元治元年	一八六四	高杉晋作が馬関（下関）に帰着
元治元年	一八六四	薩長和解
元治元年	一八六四	三條実美ら五卿　太宰府へ移転決定
元治元年	一八六四	高杉晋作・功山寺決起
元治二年	一八六五	フランス・長崎浦上に教会を建てる
慶応元年	一八六五	中村円太自刃
慶応元年	一八六五	薩摩藩百二分金の贋金造り始める
慶応元年	一八六五	五卿・太宰府移転
慶応元年	一八六五	長州征伐（第二次）決定
慶応元年	一八六五	乙丑の獄
慶応二年	一八六六	長崎・キリシタンによる仏教寺院の破壊
慶応二年	一八六六	薩長同盟

慶応二年	一八六六	土佐勤皇党・山本忠亮自決
慶応二年	一八六六	野村望東尼・姫島から救出される
慶応二年	一八六六	イギリス艦隊博多湾来航
慶応三年	一八六七	長崎・イカルス号水兵殺人事件
慶応三年	一八六七	浦上四番崩れ
慶応三年	一八六七	夏目漱石生誕
慶応三年	一八六七	高杉晋作没
慶応三年	一八六七	筑前で和牛の売り買いがされる
慶応三年	一八六七	徳川幕府　大政奉還
慶応三年	一八六七	野村望東尼没
慶応三年	一八六七	王政復古の大号令
明治元年	一八六八	鳥羽伏見の戦い
明治元年	一八六八	大坂・堺事件起きる
明治元年	一八六八	上野・彰義隊との戦い
明治二年	一八六九	神戸で牛肉が販売される
明治二年	一八六九	藤四郎・竹島探索を計画
明治二年	一八六九	大村益次郎暗殺される
明治二年	一八六九	末永節　生誕
明治三年	一八七〇	横山正太郎、新政府に対し諫死
明治三年	一八七〇	福岡藩　贋札事件

和暦	西暦	事件など
明治四年	一八七一	久留米藩難事件　長州の大楽源太郎ら殺害
明治四年	一八七一	廃藩置県
明治四年	一八七一	遣欧使節団横浜出発
明治五年	一八七二	柳川城　自焼
明治五年	一八七二	西郷、板垣らは別府らに満洲・シベリア視察を命じる
明治六年	一八七三	徴兵令
明治六年	一八七三	地租改正令
明治六年	一八七三	遣欧使節団横浜帰着
明治六年	一八七三	西郷ら征韓論で下野
明治六年	一八七三	原敬　キリスト教会に入り浸る
明治七年	一八七四	佐賀の乱
明治七年	一八七四	藤四郎没
明治七年	一八七四	榎本武揚・ロシア公使としてロシアへ
明治七年	一八七四	赤坂喰違事件・岩倉具視襲撃事件
明治八年	一八七五	玉利喜蔵　鹿児島から上京
明治九年	一八七六	神風連の乱、萩の乱、秋月の乱
明治九年	一八七六	フィラデルフィア博覧会開催　小村寿太郎らが観覧する
明治一〇年	一八七七	西南戦争
明治一〇年	一八七七	福岡の変・旧福岡藩士が薩軍に呼応

明治一〇年	一八七七	岸田吟香　銀座に楽善堂を開く
明治一一年	一八七八	榎本武揚・ロシアから横浜に帰着
明治一四年	一八八一	北海道に樺戸集治監設けられる
明治一五年	一八八二	壬午事変
明治一六年	一八八三	長崎アヘン事件
明治一七年	一八八四	中村学園創立者　中村ハル生誕
明治一七年	一八八四	甲申事変
明治一八年	一八八五	出光佐三　生誕
明治一九年	一八八六	荒尾精　漢口に楽善堂を開く
明治一九年	一八八六	長崎事件
明治二二年	一八八九	夢野久作生誕
明治二二年	一八八九	来島恒喜　大隈重信を襲撃
明治二三年	一八九〇	第一回衆議院議員選挙
明治二四年	一八九一	修猷館投石事件　軍と学校の対立
明治二四年	一八九一	大津事件　ロシア皇太子斬りつけられる
明治二四年	一八九一	ロシア・シベリア鉄道起工
明治二四年	一八九一	清国北洋艦隊来航騒動
明治二五年	一八九二	第二回衆議院議員選挙・選挙大干渉事件
明治二六年	一八九三	夏目漱石ら東京帝大を卒業　官報に掲載
明治二七年	一八九四	岡田孤鹿　北海道へ移住

和暦	西暦	事件など
明治二七年	一八九四	日清戦争
明治二七年	一八九四	黄海海戦の記事が読売新聞に掲載
明治二八年	一八九五	下関で清国の李鴻章が襲撃される
明治二八年	一八九五	三国干渉により遼東半島の返還
明治二八年	一八九五	福岡　大名町カトリック教会が建てられる
明治二九年	一八九六	第一回　近代オリンピックがアテネで開催
明治二九年	一八九六	漱石　二日市温泉に宿泊　俳句を詠む
明治三一年	一八九八	ジョン万次郎没
明治三一年	一八九八	グラハム・ベル　来日　政府の歓迎式典に招かれる
明治三二年	一八九九	川上音二郎　第一回　海外公演に出発
明治三二年	一八九九	勝海舟没
明治三三年	一九〇〇	パリ万博開催　川上音二郎　フランス政府から勲章授与
明治三三年	一九〇〇	東亜同文書院　上海に開学
明治三四年	一九〇一	川上音二郎一座　帰国
明治三四年	一九〇一	川上音二郎　第二回　海外公演に出発
明治三四年	一九〇一	星亨　暗殺される
明治三四年	一九〇一	布引丸事件　フィリッピン独立運動支援
明治三四年	一九〇一	田中正造　明治天皇に直訴する
明治三五年	一九〇二	日英同盟締結

明治三六年	一九〇三	盛岡高等農林学校開校
明治三七年	一九〇四	東公園に亀山上皇、日蓮上人の銅像が立つ
明治三七年	一九〇四	日露戦争
明治三八年	一九〇五	早稲田大学野球部　渡米　親善試合を行う
明治三八年	一九〇五	日本海海戦
明治三九年	一九〇六	平岡浩太郎没
明治四二年	一九〇九	宮沢賢治　盛岡中学に入学
明治四二年	一九〇九	嘉納治五郎　ＩＯＣ委員に選出される
明治四二年	一九〇九	伊藤博文・ハルビンで暗殺される
明治四三年	一九一〇	福岡　大名町カトリック教会の立ち退き問題発生
明治四三年	一九一〇	第十三回　九州沖縄八県連合博覧会開催
明治四四年	一九一一	イギリス・ジョージ五世戴冠式に東郷、乃木が出発
明治四五年	一九一二	日本　第五回　ストックホルム・オリンピックに初参加
明治四五年	一九一二	漱石　中村是公の案内で鎌倉の杉山茂丸の別荘を訪ねる
明治四五年	一九一二	明治天皇崩御
大正元年	一九一二	乃木希典、静子夫妻自決
大正二年	一九一三	中華民国の孫文　福岡訪問
大正二年	一九一三	中華民国の孫文　荒尾の宮崎家を訪問
大正三年	一九一四	第一次世界大戦　日本はドイツに宣戦布告
大正四年	一九一五	インドのビハリ・ボース日本へ

和暦	西暦	事件など
大正四年	一九一五	宮沢賢治　盛岡高等農林学校に入学
大正五年	一九一六	夏目漱石没
大正九年	一九二〇	国際連盟発足　日本は常任理事国入り
大正一〇年	一九二一	原敬　暗殺される
大正一一年	一九二二	アインシュタイン　福岡を訪れ講演を行う
大正一二年	一九二三	関東大震災
大正一三年	一九二四	ノーベル文学賞受賞者　インドのタゴール　福岡を訪れる
大正一五年	一九二六	佐藤栄作　第十四代国鉄二日市駅駅長に就任
昭和三年	一九二八	オリンピック・アムステルダム大会　開催
昭和六年	一九三一	満洲事変
昭和七年	一九三二	上海事変、満洲国建国
昭和七年	一九三二	血盟団事件
昭和七年	一九三二	五一五事件
昭和八年	一九三三	野口進　民政党の若槻礼次郎を襲撃
昭和一〇年	一九三五	玄界島で斉田・堀の没後七十年の慰霊祭を行う
昭和一一年	一九三六	二二六事件
昭和一一年	一九三六	オリンピック・東京大会開催決定　（開催権返上）
昭和一二年	一九三七	盧溝橋事件、上海事変（第二次）
昭和一二年	一九三七	糸島郡農会　頭山、廣田の名を刻む手水鉢を玄界島に寄贈

昭和一三年	一九三八	嘉納治五郎没
昭和一六年	一九四一	アメリカ　パナマ運河封鎖　実質的な宣戦布告
昭和一六年	一九四一	日本海軍　ハワイ真珠湾を奇襲攻撃
昭和一八年	一九四三	山本五十六　戦死
昭和一九年	一九四四	頭山満没
昭和二〇年	一九四五	ビハリ・ボース没
昭和二〇年	一九四五	福岡大空襲
昭和二〇年	一九四五	ポツダム宣言受諾　終戦
昭和二〇年	一九四五	マッカーサー元帥　厚木到着
昭和二〇年	一九四五	連合国軍との間で降伏文書調印
昭和二二年	一九四七	インド・イギリスから独立を果たす
昭和二八年	一九五三	日章丸二世　川崎港に帰還
昭和三一年	一九五六	末永節　米寿の祝賀
昭和三五年	一九六〇	末永節　没
昭和三八年	一九六三	インドネシアで新興国スポーツ大会（ガネフォ）開催
昭和三九年	一九六四	第十八回　東京オリンピック開催
昭和三九年	一九六四	円谷幸吉　マラソンで銅メダル獲得
昭和三九年	一九六四	佐藤栄作　第六十一代　総理大臣就任
昭和四〇年	一九六五	浮谷東次郎　鈴鹿サーキットで事故死
昭和四三年	一九六八	円谷幸吉　自殺

和暦	西暦	事件など
昭和四五年	一九七〇	三島由紀夫　自決
昭和四七年	一九七二	日中国交樹立、台湾との国交断絶
昭和五三年	一九七八	日中平和条約締結
平成二三年	二〇一一	東京で「中華民国（台湾）建国百周年記念特別展」開催
平成三〇年	二〇一八	長崎天草キリシタン関連遺跡ユネスコ登録
令和二年	二〇二〇	第三十二回　東京オリンピック開催（予定）

あとがき

勝海舟というビッグネームを頂点に、近現代史を、それも地方都市の福岡から論じてみた。いったい、勝海舟と福岡との間にどんな関係があるのか。勝海舟の名前に便乗したのではと、訝られるかもしれない。しかし、勝海舟が幕臣として出世でき、新政府でも海軍卿となりえたのは、蘭学という西洋の知識を吸収できたからだった。その陰に福岡藩主・黒田長溥の存在があったことは本文で述べた。

これに限らず、勝海舟は来島恒喜の墓を立てた。来島恒喜とは、明治二十二年（一八八九）十月十八日、外務大臣大隈重信に爆裂弾を投じた人物である。来島は福岡を発祥とする自由民権運動団体・玄洋社の社員であり、いわば反政府の立場にあった。その反政府の人物の墓を政府側の立場である勝海舟が立てるなど、尋常ではない。この詳細については、前著の『玄洋社とは何者か』で述べた。

さらに、「玄洋社生みの母」と呼ばれる高場乱の墓に勝海舟は撰文を刻んでいる。高場乱は、男装の女医（眼科医）とも称され、玄洋社の主要な人々に教育を施した女性として知られる。

今も博多・崇福寺（福岡市博多区千代）の玄洋社墓地に、頭山満、来島恒喜の墓とともに高場乱の墓が並んでいる。ただ、残念ながら、経年劣化により、その撰文を判読することは難しい。勝海舟が、血縁関係のない他者の墓を立て、撰文を起草するなど、よほどの人間関係、信頼関係が無ければ、そのような真似はしない。ここに、海舟と福岡との関係の強さを見るのだが、これは西郷隆盛の精神を継承するのが玄洋社であると、密かに海舟が認めているからかもしれない。

鹿児島の南洲墓地には西郷、そして西郷に殉じた人々の墓石がある。その墓所の一画に海舟の西郷を偲ぶ歌碑が立っている。その真横には、中国革命の革命家・黄興が西郷の墓参に訪れた記念碑が立っている。

孫文は、日本の明治維新は中国革命の第一歩と評した。さほど、明治維新を高く評価していたのだが、その偉大な革命家が西郷隆盛だった。その偉大なる革命家・西郷への思いから、黄興は墓参をしたのだった。

そう考えると、幕末維新の時代のみに勝海舟、西郷隆盛、横井小楠を押し込めるのは、もったいない。そういう思いが私の心の底にあったのは確かだ。

最後に、勝海舟の努力、宮崎滔天の豪放さ、頭山満の豪傑ぶりを昨日のように語ってくれたのは玉利斎だった。そして、三島由紀夫の才能を称え、嘆いた。その玉利斎との出会いがなければ、本書は誕生しなかった。空に向かって、感謝の言葉を述べたい。

令和元年（二〇一九）十月

浦辺　登

【主要参考文献】

愛知大学東亜同文書院記念センター『愛知大学東亜同文書院記念センター収蔵資料図録』愛知大学東亜同文書院記念センター、二〇〇五年
愛知大学東亜同文書院記念センターオープン・リサーチ・センター年報　二〇〇七年度版二号愛知大学東亜同文書院記念センター、二〇〇八年
アクロス福岡文化誌編纂委員会『福岡県の幕末維新』公益財団法人アクロス福岡、二〇一五年
相川司『新選組隊士録』新紀元社、二〇一一年
浅田次郎『壬生義士伝』（上・下）文藝春秋、二〇〇〇年
浅田實『東インド会社』講談社現代新書、一九八九年
葦津泰國『大三輪朝兵衛の生涯』葦津事務所、平成二〇年
浅野秀夫　編『無庵放談』海鳥社、二〇一六年
天野芳太郎『わが囚われの記』中公文庫、昭和五八年
荒畑寒村『谷中村滅亡史』岩波文庫、二〇〇五年
有山輝雄『陸羯南』吉川弘文館、二〇〇七年
荒尾市宮崎兄弟記念館『夢翔ける』荒尾市宮崎兄弟記念館、一九九五年
荒巻邦三『満州国の最期を背負った男　星子敏雄』弦書房、二〇一六年
荒巻邦三『五高・東光会』弦書房、二〇一八年
安藤英男『西郷隆盛』学陽書房、一九九七年
アーネスト・サトウ『一外交官の見た明治維新（上・下）』岩波文庫、二〇一一年
井川聡、小林寛『人ありて　頭山満と玄洋社』海鳥社、二〇〇六年
井川聡『頭山満伝』潮書房光人社、二〇一五年
泉三郎『「米欧回覧」百二十年の旅』図書出版界、一九九三年
石井研堂『明治事物起源』一、二、ちくま学芸文庫、一九九七年
石瀧豊美『玄洋社・封印された実像』海鳥社、二〇一〇年
石瀧豊美『近代福岡の歴史と人物』イシタキ人権学研究所、二〇一〇年
石川栄作、石川晶子、柳瀬朋子『第九　百年の国際交流』坂東俘虜収容所第九百年の国際交流刊行会、二〇一八年
泉三郎『「米欧回覧」百二十年の旅』図書出版社、一九九三年
五木寛之『大陸へのロマンと慟哭の港博多日本の原郷沖縄への旅』講談社、二〇〇六年
一又正雄『山座円次郎伝』原書房、一九七四年
伊藤ルイ『海の歌う日』講談社、一九八九年
伊藤之雄『山県有朋』文春文庫、二〇〇九年
絲屋寿雄『大村益次郎』中公新書、昭和四六年
猪野健治『侠客の条件』ちくま文庫、二〇〇六年
猪野健治『やくざと日本人』ちくま文庫、一九九九年

猪野健治『日本の右翼』ちくま文庫、二〇〇七年
井上精三『博多郷土史事典』葦書房、昭和六二年
井上司朗『横井小楠の詩』私家版、二〇〇〇年
井口和起『日清・日露戦争』吉川弘文館、一九九四年
井上忠『中村圓太「自笑録」の紹介』福岡大学人文論叢、昭和四七年
犬養毅、鵜崎熊吉『犬養毅の世界』書肆心水、二〇〇七年
岩尾龍太郎『幕末のロビンソン』弦書房、二〇一〇年
『一億人の昭和史』昭和の原点　明治（上・中・下）毎日新聞社、一九八一年
『一億人の昭和史』日本植民地史　朝鮮毎日新聞社、一九七八年
『一億人の昭和史』昭和スポーツ史毎日新聞社、一九七六年
浮谷東次郎『オートバイと初恋と』ちくま文庫、一九八六年
浮谷東次郎『俺様の宝石さ』ちくま文庫、一九八五年
浮谷東次郎『がむしゃら一五〇〇キロ（全）』ちくま文庫、二〇〇一年
生方敏郎『明治大正見聞史』中公文庫、昭和五三年
牛嶋英俊『飴と飴売りの文化史』弦書房、二〇〇九年
上杉聰、石瀧豊美筑前竹槍一揆論海鳥社、一九八八年
内村鑑三『代表的日本人』岩波文庫、二〇〇一年
浦辺登『太宰府天満宮の定遠館』弦書房、二〇〇九年
浦辺登『霊園から見た近代日本』弦書房、二〇一一年
浦辺登『東京の片隅からみた近代日本』弦書房、二〇一二年
浦辺登『アジア独立と東京五輪』弦書房、二〇一三年
浦辺登『玄洋社とは何者か』弦書房、二〇一七年
江越弘人『幕末の外交官　森山栄之助』弦書房、二〇〇八年
江頭光『ふくおか一〇〇年』清水弘文堂、一九八九年
江頭光『雲峰閑話』西日本新聞社、昭和六二年
江頭光『博多ことば』海鳥社、二〇一一年
江頭光『博多　川上音二郎』西日本新聞社、平成八年
江崎道朗『日本占領と「敗戦革命」の危機』ＰＨＰ新書、二〇一八年
江戸東京博物館・東北大学編『文豪・夏目漱石』朝日新聞社、二〇〇七年
江藤淳、松浦玲『海舟語録』講談社学術文庫、二〇〇四年
大里浩秋『宗方小太郎日記』神奈川大学人文研究所
大里浩秋『漢口楽善堂の歴史（上）』神奈川大学人文研究所
王敏『日本と中国』中公新書、二〇〇八年
大杉栄『自叙伝　日本脱出記』岩波文庫、一九八三年
大園隆二郎『枝吉神陽』佐賀県立佐賀城本丸歴史館、二〇一五年
大宅壮一『大宅壮一エッセンス一怪物と黒幕』講談社、一九七六年
小川薫『父と娘の満州』新風舎、二〇〇六年
緒方四十郎『遥かなる昭和』朝日新聞社、二〇〇五年

大園隆二郎枝吉神陽佐賀城本丸歴史館、二〇一五年
小河扶希子　編『平野二郎國臣』平野神社、平成二六年
大野芳『伊藤博文暗殺事件』新潮社、二〇〇三年
尾崎士郎『人生劇場　青春篇（上・下）』新潮文庫、昭和五〇年
尾崎士郎『私学校蜂起』河出文庫、一九八九年
小沢浩『新宗教の風土』岩波新書、一九九七年
小野寺龍太『日露戦争時代のある医学徒の日記』弦書房、二〇一〇年
小野寺龍太『幕末の魁　維新の殿』弦書房、二〇一二年
勝海舟『氷川清話』講談社学術文庫、二〇〇七年
栈比呂子『評伝月形潔』海鳥社、二〇一四年
加藤直樹『謀反の児』河出書房新社、二〇一七年
片桐一男『それでも江戸は鎖国だったのか』吉川弘文館、二〇〇八年
片桐一男『勝海舟の蘭学と海軍伝習』勉誠出版、二〇一六年
加藤司書傳刊行会　編『加藤司書傳』加藤司書傳刊行会、昭和九年
上外垣憲一『暗殺・伊藤博文』ちくま新書、二〇〇〇年
上外垣憲一『文禄・慶長の役』講談社学術文庫、二〇〇二年
上外垣憲一『ある明治人の朝鮮観』筑摩書房、一九九六年
川上弘文『侍野球海を渡る』書肆草茫々、二〇一五年
河村哲夫『柳川城炎上』角川選書、平成一一年
川合貞吉『西郷の悲劇』學藝書林、一九七六年
カッテンディーケ『長崎海軍伝習所の日々』平凡社、昭和四〇年
北川晃二『黙してゆかむ』講談社、一九七五年
北一輝、大川周明、満川亀太郎『アジア主義者たちの声』書肆心水、二〇〇八年
喜多平四郎『征西従軍日記』講談社学術文庫、二〇〇一年
紀田順一郎『幕末明治傑物伝』平凡社、二〇一〇年
樹下龍児『美意識のありか』弦書房、二〇一八年
橘川武郎『出光佐三』ミネルヴァ書房、二〇一二年
清瀬一郎『秘録東京裁判』中公文庫、一九八九年
旧参謀本部編纂、桑田忠親、山岡荘八監修『日清戦争』徳間文庫、一九九五年
栗田藤平『雷鳴福岡藩』弦書房、二〇〇四年
日下藤吾『平野国臣』叢文社、昭和六三年
倉田喜楽『明治大正の民衆娯楽』岩波新書、一九八〇年
桑田忠親・山岡壮八『旧参謀本部編・日清戦争』徳間文庫、一九九五年
久保田毅　編『鐘崎寛吾・三郎の父子を慕いて』私家版、平成二六年
玄洋社社史編纂会『玄洋社社史』葦書房、平成四年
結束博治『醇なる日本人』プレジデント社、一九九二年
近藤典二『徳翁山田芳策伝』私家版、一九九七年

近藤典二『筑前六宿　山家風土記』思川建碑期成会、昭和四〇年
権藤成卿研究会　編『権藤成卿の君民共治論』展転社、令和元年
ゴードン・W・プランゲ『トラ・トラ・トラ』日本リーダーズ・ダイジェスト社、一九六六年
ゴンチャロフ著、井上満訳『日本渡航記』岩波書店、昭和四三年
坂本藤良『幕末維新の経済人』中公新書、昭和五九年
坂本太郎『菅原道真』吉川弘文館、平成二年
佐佐木信綱研究会『佐佐木信綱研究　第二號』佐佐木信綱研究会、平成二六年
佐藤常雄『宮崎滔天』葦書房、平成二年
佐藤優『日米開戦の真実』小学館文庫、二〇一一年
佐藤雅美『薩摩藩経済官僚』講談社、昭和六一年
篠原宏『日本海軍お雇い外人』中公新書、昭和六三年
澁川由里『馬賊でみる「満洲」』講談社、二〇〇四年
下川正晴『忘却の引揚げ史』弦書房、二〇一七年
週刊朝日編集部『司馬遼太郎が語る日本』朝日新聞社、一九九六年
太宰府天満宮文化研究所『神苑石碑巡り』太宰府天満宮文化研究所、平成一三年
清水美和『中国はなぜ反日なったか』文春新書、平成一五年
清水勲『ビゴーが見た日本人』講談社学術文庫、二〇〇六年
白子英城『西洋文明と遭遇した天下人たち』竹内書店新社、平成三一年
ジーボルト『江戸参府紀行』平凡社、昭和四六年
杉山伸也『明治維新とイギリス商人』岩波新書、一九九三年
鈴木治白村江学生社版、昭和六一年
杉山龍丸　編『夢野久作の日記』葦書房、昭和五一年
杉森久英『浪人の王者頭山満』河出文庫、昭和五九年
諏訪部揚子・中村喜和『榎本武揚シベリア日記』平凡社、二〇一〇年
千田稔『明治・大正・昭和　華族事件録』新潮文庫、平成一七年
先崎彰容『未完の西郷隆盛』新潮選書、二〇一七年
生誕一五〇周年記念出版委員会『気概と行動の教育者　嘉納治五郎』筑波大学出版会、二〇一一年
草志会『陸人　第二六号』草志会、二〇一三年
孫文記念館　編『孫文・日本関係人名録』（改訂）孫文記念館、二〇一二年
武野要子『博多』岩波新書、二〇〇〇年
高瀬暢彦初代校長金子堅太郎『明治四年渡米後懐旧録』日本大学精神文化研究所、平成七年
武田崇元『霊界からの警告』光文社、昭和六三年
瀧井一博『伊藤博文』中公新書、二〇一〇年

滝沢誠『権藤成卿　その人と思想』ぺりかん社、一九九六年
田代和生『倭館』文春新書、平成一四年
太平洋戦争研究会『日露戦争と明治日本』新人物往来社、二〇〇九年
高田茂廣　校注『見聞略記』海鳥社、一九八九年
田口孝雄『天草島原一揆後を治めた代官』弦書房令和元年
多田茂治『夢野久作読本』弦書房、二〇〇四年
多田茂治『夢野久作と杉山一族』弦書房、二〇一二年
竹前栄治『ＧＨＱ』岩波新書、一九八三年
立元幸治『器量と人望　西郷隆盛という磁力』ＰＨＰ新書、二〇一〇年
立元幸治『東京青山霊園物語』明石書店、二〇一五年
立元幸治『東京多磨霊園物語』明石書店、二〇一三年
立元幸治『鎌倉古寺霊園物語』明石書店、二〇一七年
立元幸治『威ありて猛からず』新講社、二〇一七年
立花和雄『柳川の殿さんとよばれて…』梓書院、平成五年
玉利嘉章「剣道とは」私家版
譚璐美『帝都東京を中国革命で歩く』白水社、二〇一六年
『太宰府市史通史編Ⅱ』太宰府市、平成一六年
チェ・キホ『日韓併合の真実』ビジネス社、二〇〇三年
陳舜臣『実録アヘン戦争』中公文庫、二〇〇二年
茅ケ崎市文化振興財団『川上音二郎・貞奴展』茅ケ崎市文化振興財団、二〇一一年
『父が子におくる一億人の昭和史』毎日新聞社、昭和五三年
角田房子『閔妃暗殺』新潮社、一九八九年
坪内隆彦『アジア英雄伝』展転社、平成二〇年
坪内隆彦『維新と興亜に駆けた日本人』展転社、平成二三年
坪内隆彦『ＧＨＱが恐れた崎門学』展転社、平成二八年
堤克彦『横井小楠』西日本新聞社、平成一一年
津本陽『黄金の天馬』ＰＨＰ文庫、二〇〇九年
司牡丹酒造株式会社『司牡丹』日本名門酒会文庫、二〇〇二年
出口斎『神仙の人出口日出麿』講談社、一九八九年
頭山統一『筑前玄洋社』葦書房、一九八八年
戸川安宣『評伝　原敬　上』東京創元社、平成九年
冨成博『高杉晋作』長周新聞社、一九八五年
戸川猪佐武『現代の新興宗教』太陽、昭和五一年
徳永博文『日本の石炭産業遺産』弦書房、二〇一二年
徳永洋『横井小楠』新潮新書、二〇〇九年
豊田穣『情報将軍明石元二郎』光人社ＮＦ文庫、一九九四年
頭山満『頭山満直話集』書肆心水、二〇〇七年
頭山満『頭山満言志集』書肆心水、二〇〇六年
頭山満『幕末三舟伝』国書刊行会、平成一九年
頭山満、犬養毅、杉山茂丸、内田良平『アジア主義者たちの声（上）』書肆心水、二〇〇八年
豊田穣『情報将軍明石元二郎』光人社ＮＦ文庫、一九九四年
内藤一成『三条実美』中公新書、二〇一九年

永島要一『明治の外国武器商人』中公新書、一九九五年
中浜博『私のジョン万次郎』小学館、一九九一年
中矢伸一『日本を動かした大霊脈』徳間書店、二〇〇二年
中矢伸一『日月神示』徳間書店、二〇〇六年
中内敏夫『軍国美談と教科書』岩波新書、一九八八年
中山良昭　企画『新・江戸三百藩大全』廣済堂出版、二〇一八年
長田順行『西南の役と暗号』朝日文庫、一九八九年
中本静暁『関門・福岡のアインシュタイン』新日本教育図書、一九九八年
長野浩典『西南戦争民衆の記』弦書房、二〇一八年
中島岳志『パール判事』白水社、二〇〇七年
中島岳志『中村屋のボース』白水社、二〇〇五年
中野利子『外交官　E・H・ノーマン』新潮文庫、平成一三年
中村天風『成功の実現』日本経営合理化協会出版局、一九九八年
中村義　他　編『近代日中関係史人名辞典』東京堂出版、二〇一〇年
夏目漱石『夏目漱石全集　七』ちくま文庫、二〇〇八年
夏目漱石、平岡敏夫　編『漱石日記』岩波書店、一九九〇年
成松正隆『加藤司書の周辺』西日本新聞社、平成九年
ナンシー・K・ストーカー『出口王仁三郎』原書房、二〇〇九年
『中島徳松翁伝』九州大学石炭研究資料センター、一九八五年
『中島徳松翁伝（下）』九州大学石炭研究資料センター、一九八六年
西牟田耕治　編、原寛　監修『緒方龍ありて「浜の町病院」生い立ち姿かたち』梓書院、二〇一三年
日本ボディビル連盟『日本ボディビル連盟五〇年の歩み』体育とスポーツ出版社、平成一七年
日本習字教育連盟『日月地入門帖』日本習字教育連盟、一九七四年
乳井昌史『南へとあくがれる』弦書房、二〇一〇年
乗松優『ボクシングと大東亜』忘羊社、二〇一六年
「葦隠研究」編集委員会葦隠研究第八二号葦隠研究会、平成二九年
橋川文三『幕末明治人物誌』中公文庫、二〇一七年
服部龍二『広田弘毅』中公新書、二〇〇八年
服部龍二『日中国交正常化』中公新書、二〇一二年
畠山武『昭和史の怪物たち』文藝春秋、平成一五年
花田衛『無冠の群像　上・下』西日本新聞社、昭和五一年
早瀬圭一『大本襲撃』毎日新聞社、二〇〇七年
服部之総『黒船前後　志士と経済』岩波文庫、二〇〇三年
原達郎『柳川ふるさと塾一．』柳川ふるさと塾、二〇〇八年
原達郎『オノ・ヨーコの華麗な一族』柳川ふるさと塾、二〇一〇年

原達郎『柳川藩立花家中列伝』柳川ふるさと塾、二〇一七年
林みのる『童夢へ』幻冬舎、二〇〇九年
原田勝正『満鉄』岩波新書、一九八一年
半藤一利『「昭和史」を歩きながら考える』ＰＨＰ文庫、二〇一五年
ハインリッヒ・シュネー　金森誠也　訳『「満洲国」見聞記』講談社学術文庫、二〇〇二年
伴忠康『適塾と長与専斎』創元社、一九八七年
火野葦平『花と龍』（上・下）岩波現代文庫、二〇〇七年
平尾道雄『中岡慎太郎陸援隊始末記』中公文庫、昭和五二年
平尾道雄『坂本龍馬海援隊始末記』中公文庫、昭和五六年
平岡敏夫『漱石日記』岩波文庫、二〇一〇年
樋口哲子『父　ボース』白水社、二〇〇八年
深田佑介『大東亜会議の真実』ＰＨＰ新書、二〇〇四年
深田佑介『黎明の世紀』文春文庫、一九九四年
深町英夫編訳『孫文革命文集』岩波文庫、二〇一一年
福本龍『大鳥圭介の英・米産業視察日記』国書刊行会、二〇〇七年
藤谷浩悦『井上雅二と秀の青春』集広舎、平成三一年
福沢諭吉『福翁自伝』岩波文庫、二〇一七年
藤本尚則『国師杉浦重剛先生』敬愛会、昭和二九年
藤本尚則『頭山満写真集』葦書房、昭和六一年
福岡シティ銀行　編『博多に強くなろう！』一・二・葦書房、平成元年
福岡シティ銀行　編『博多・北九州に強くなろう！』三葦書房、一九九五年
福岡市市長室広報課『ふくおか歴史散歩』第五巻福岡市、平成八年
福岡市市長室広報課『ふくおか歴史散歩』第六巻福岡市、平成一二年
福岡地方史研究会　編『福岡地方史研究会』四九号福岡地方史研究会、二〇一三年
福岡地方史研究会　編『福岡地方史研究会』五〇号福岡地方史研究会、二〇一四年
福岡地方史研究会　編『福岡地方史研究会』五一号福岡地方史研究会、二〇一五年
福岡地方史研究会　編『福岡地方史研究会』五四号福岡地方史研究会、二〇一六年
福岡地方史研究会　編『福岡地方史研究会』五五号福岡地方史研究会、二〇一七年
福岡地方史研究会　編『福岡地方史研究会』五六号福岡地方史研究会、二〇一八年
福岡県高等学校社会科著『福岡県の歴史散歩』山川出版社、一九八四年
船戸安之『勝海舟』成美文庫、一九九四年
古川薫『斜陽に立つ』文藝春秋、二〇一一年

文藝春秋編『「坂の上の雲」人物読本』文春文庫、二〇一二年
文藝春秋編『私は見た』文春文庫、一九九〇年
別冊宝島編集部編『日本「霊能者」列伝』宝島社、二〇〇八年
星新一『明治の人物誌』新潮文庫、平成一五年
荒牧邦三『満州国の最期を背負った男　星子敏雄』弦書房、二〇一六年
堀雅昭『杉山茂丸伝』弦書房、二〇〇六年
正岡子規『仰臥漫録』岩波文庫、一九八四年
升井準之輔『日本政治史Ⅰ・幕末維新、明治国家の成立』東京大学出版会、二〇〇〇年
松尾龍之介『長崎を識らずして江戸を語るなかれ』平凡社新書、二〇一一年
松尾龍之介『長崎蘭学の巨人』弦書房、二〇〇七年
松尾龍之介『幕末の奇跡』弦書房、二〇一五年
松尾龍之介『江戸の長崎ものしり帖』弦書房、二〇一一年
松尾龍之介『鎖国の地球儀』弦書房、二〇一七年
松尾龍之介『踏み絵とガリバー』弦書房、二〇一八年
松尾龍之介『小笠原諸島をめぐる世界史』弦書房、二〇一四年
松方冬子『オランダ風説書』中公新書、二〇一一年
松下芳男『近代の戦争一』日清戦争人物往来社、昭和四一年
松竹秀雄『幕末長崎イカルス号事件』くさの書店、平成五年
松田道雄　編『俺様の宝石さ』筑摩書房、一九七七年
松永伍一『川上音二郎』朝日新聞社、一九八八年
松本健一『出口王仁三郎』リブロポート、一九八六年
松本健一『日本のナショナリズム』ちくま新書、二〇一〇年
松本清張『昭和史発掘』一〜九文春文庫、二〇〇五年
松本清張『対談　昭和史発掘』文春新書、二〇〇九年
御厨貴『時代の先覚者後藤新平』藤原書店、二〇〇四年
三浦梧楼『観樹将軍回顧録』中公文庫、昭和六三年
三浦小太郎『なぜ秀吉はバテレンを追放したのか』ハート出版、平成三一年
水木楊『動乱はわが掌中にあり』新潮社、一九九一年
水崎雄文『修猷館投石事件』花乱社、二〇一八年
宮崎滔天『宮崎滔天アジア革命奇譚集』書肆心水、二〇〇六年
宮崎滔天『三十三年の夢』岩波文庫、一九九三年
宮崎滔天、萱野長知、北一輝『アジア主義者たちの声（中）』書肆心水、二〇〇八年
宮下隆二『イーハトーブと満洲国』PHP研究所、二〇〇七年
宮脇淳子『世界史のなかの満洲帝国』PHP新書、二〇〇六年
三好行雄『漱石文明論集』岩波文庫、一九九〇年
三宅正樹『スターリンの対日情報工作』平凡社新書、二〇一〇年
室生忠『新人類と宗教』三一新書、一九八六年
村上一郎『幕末』中公文庫、二〇一七年
陸奥宗光著、中塚明校注『蹇蹇録』岩波文庫、二〇一〇年
明治維新史学会　編『明治維新と歴史認識』吉川弘文館、

二〇〇五年
毛利敏彦『大久保利通』中公新書、昭和四四年
森崎和江『荒野の郷』朝日新聞社、一九九二年
森鷗外『大塩平八郎・堺事件』岩波文庫、二〇一七年
山口宗之『真木保臣』西日本新聞社、平成七年
八百啓介『砂糖の通った道』弦書房、二〇一一年
安田光敦、浦辺登、佐佐木濡『武人　甦る三島由紀夫』晋遊舍、平成二五年
山内修一『葛城彦一傳』葛城彦一傳編輯所、昭和一〇年
安場保吉『安場保和伝』藤原書店、二〇〇六年
山室建徳『軍神』中公新書、二〇〇七年
山崎功『郷土とアジアの政治文化・国際関係』成文堂、二〇一三年
山本巖『夢野久作の場所』葦書房、昭和六一年
山本巖『福岡から見た昭和史』書肆侃侃房、二〇〇六年
安川浄生『筑前の流人』葦書房、一九七八年
安川浄生『宗像の歴史散歩』曹洞宗安昌院布教所、昭和五九年
安川浄生『幕末動乱に生きる二つの人生』みどりや佛壇店書籍部、昭和五五年
矢野寛治『伊藤野枝と代準介』弦書房、二〇一二年
柳田邦男『マリコ』新潮文庫、昭和五八年
湯浅赳男『日本を開く歴史学的想像力』新評論、一九九六年
夢野久作『近世快人伝』葦書房、一九九五年
夢野久作『梅津只圓翁傳』梅津只圓翁銅像再建委員会、昭和六二年
夢野久作『夢野久作全集』五ちくま文庫、二〇〇三年
夢野久作『東京人の堕落時代』葦書房、昭和五四年
夢野久作展実行委員会『夢野久作　怪人Q作ランド』夢野久作展実行委員会、一九九四年
読売新聞西部本社『頭山満と玄洋社』海鳥社、二〇〇二年
吉村昭『史実を歩く』文藝春秋、平成一〇年
林天朗居士、濱地光男　編『濱地八郎天松居士』濱地光男、二〇一四年
B.V.A　レーリンク『レーリンク判事の東京裁判』新曜社、一九九六年
呂万和『明治維新と中国』六興出版、一九八八年
早稲田大学大学史資料センター図録　大隈重信の軌跡早稲田大学大学史資料センター、二〇一五年
渡邊行男『緒方竹虎』弦書房、二〇〇六年
渡邊行男『中野正剛自決の謎』葦書房、一九九六年
渡辺京二『評伝宮崎滔天』書肆心水、二〇〇六年
渡辺龍策『馬賊夕陽に立つ』徳間書店、一九八三年
渡辺みどり『愛新覚羅浩の生涯』読売新聞社、一九九二年
和田茂樹『子規の素顔』愛媛県文化振興財団、一九九八年
和田茂樹『漱石・子規　往復書簡集』岩波文庫、二〇〇二年

主要人名索引

か

き

く

け

こ

著者略歴

浦辺　登（うらべ・のぼる）

昭和三十一年（一九五六）、福岡県筑紫野市生まれ。福岡大学ドイツ語学科在学中から雑誌への投稿を行うが、卒業後もサラリーマン生活の傍ら投稿を続ける。近年はインターネットサイトの書評投稿に注力しているが、オンライン書店ｂｋ１では「書評の鉄人」の称号を得る。現在日本の近代史を中心に研究している。

著書に『太宰府天満宮の定遠館―遠の朝廷から日清戦争まで』『霊園から見た近代日本』『東京の片隅からみた近代日本』『アジア独立と東京五輪―「ガネホ」とアジア主義』『玄洋社とは何者か』（以上、弦書房）共著に『権藤成卿の君民共治論』（展転社）がある。

福岡市西区在住。

勝海舟《かつかいしゅう》から始《はじ》まる近代《きんだい》日本《にほん》

二〇一九年十二月五日発行

著　者　浦辺　登

発行者　小野静男

発行所　株式会社　弦書房

（〒810・0041）

福岡市中央区大名二―二―四三

ＥＬＫ大名ビル三〇一

電　話　〇九二・七二六・九八八五

ＦＡＸ　〇九二・七二六・九八八六

組版・製作　合同会社キヅキブックス

印刷・製本　シナノ書籍印刷株式会社

ISBN978-4-86329-197-3　C0021

◆弦書房の本

東京の片隅からみた近代日本

浦辺登　日本の「近代化」の中心・東京を歩く。都心に遺された小さな痕跡を手がかりに〈近代〉を読み解く。歴史の表舞台には出てこない土地の片隅にひっそりと息づいている有形無形の文化遺産は何を語るのか。〈四六判・２５６頁〉**２０００円**

霊園から見た近代日本

浦辺登　谷中霊園、泉岳寺、木母寺……墓地を散策し思索する。墓碑銘から浮かびあがる人脈と近代史の裏面を《玄洋社》をキーワードに読み解く。「青山霊園を巡っただけで、明治アジア外交史が浮かび上がる」おもしろさ。（荒俣宏評）〈四六判・２４０頁〉**１９９５円**

太宰府天満宮の定遠館

遠《とお》の朝廷《みかど》から日清戦争まで

浦辺登　古代の防人、中世の元寇と神風伝説、近世から幕末維新、近代までの太宰府の通史を描き、日清戦争時の清国北洋艦隊の戦艦《定遠》の部材を使って天満宮に建てられた知られざる戦争遺産・定遠館の由来を探る。〈四六判・１７６頁〉**１８００円**

玄洋社とは何者か

浦辺登　近代史の穴・玄洋社の素顔に迫る。近代史の重要な局面には必ず玄洋社の活動がある。玄洋社を正確に評価できなければ、近代史の流れを正確につかむことはできない。ＧＨＱによりテロリスト集団とされた玄洋社の実像とは。〈四六判・２４８頁〉**２０００円**

西南戦争　民衆の記　大義と破壊

長野浩典　西南戦争とは何だったのかを民衆側、惨禍を被った戦場の人々からの視点で徹底して描き問い直す。戦場のリアル（現実）を克明に描くことで、「戦争」の本質（憎悪、狂気、人的・物的な多大なる損失）を改めてうったえかける。〈四六判・２８８頁〉**２２００円**

＊表示価格は税別